学习共同体

用课例告诉你

陈静静 等 / 著

大夏书系 — 教师专业发展

SCHOOL AS LEARNING COMMUNITY

华东师范大学出版社
·上海·

图书在版编目（CIP）数据

学习共同体：用课例告诉你/陈静静等著.
—上海：华东师范大学出版社，2023
ISBN 978-7-5760-4051-7

I.①学… II.①陈… III.①中小学—课堂教学—教学研究 IV.① G632.421

中国国家版本馆 CIP 数据核字（2023）第 138258 号

大夏书系 | 教师专业发展

学习共同体： 用课例告诉你

著　　者	陈静静 等
责任编辑	程晓云
责任校对	杨　坤
封面设计	奇文云海·设计顾问
出版发行	华东师范大学出版社
社　　址	上海市中山北路 3663 号 邮编 200062
网　　址	www.ecnupress.com.cn
电　　话	021-60821666　行政传真 021-62572105
客服电话	021-62865537
邮购电话	021-62869887
地　　址	上海市中山北路 3663 号华东师范大学校内先锋路口
网　　店	http://hdsdcbs.tmall.com/
印　刷　者	北京密兴印刷有限公司
开　　本	700×1000　16 开
印　　张	16
字　　数	237 千字
版　　次	2023 年 11 月第一版
印　　次	2023 年 11 月第一次
印　　数	6 100
书　　号	ISBN 978-7-5760-4051-7
定　　价	62.00 元
出 版 人	王　焰

（如发现本版图书有印订质量问题，请寄回本社市场部调换或电话 021-62865537 联系）

目 录
CONTENTS

序 言 / 1

第一章 核心素养时代深度学习的课堂生态重构

核心素养导向的课堂转型 / 3

深度学习发生的条件与机制 / 9

指向深度学习的课堂生态重构
——学习共同体 / 17

第二章 教师成为课例研究者

学习共同体视野下的课例研究转型突破 / 33

课例研究的成果表达：将日常教学实践变成研究成果 / 49

课例研究的重点：学生学习成果分析 / 60

从课例研究中找到挑战性问题设计的密码 / 77

第三章 语文课例研究与分析

《卖火柴的小女孩》学习设计 / 87

弱势学生何以"逆袭"
——《卖火柴的小女孩》课堂观察和分析 / 94

从学习设计到真实课堂：教师的自我挑战与持续修炼 / 107

"师生共创"的挑战性问题：让我看到了不同寻常的《老王》/ 120

高中语文课堂基于挑战性问题的学习设计 / 129

深度学习发生的课堂风景
——郑艳红老师执教《变形记》/ 139

第四章 数学课例研究与分析

开放性问题引发学生的持续探索
——初中数学《函数的概念》的学习设计 / 147

学习共同体课何以让学生学得"爽"
——王晓叶《函数的概念》课堂观察与分析 / 156

我的"安静、润泽"的课堂
——《扇形面积：割补法求特殊形状面积》课例分析 / 164

立足数学学科本质表达与交流的课堂实践
——一次别开生面的数学模拟课 / 182

第五章 多学科课例研究与分析

犯罪现场调查系列课程之《谁动了 Q 老师的蛋糕》/ 195

协同学习是怎样发生的
——《谁动了 Q 老师的蛋糕》课堂观察与分析 / 202

以大概念为导向的逆向设计在地理教学设计中的应用
——以《行星地球》为例 / 210

指向深度学习的高中英语阅读学习共同体课堂的探索与实践
——以西安交通大学少年班为例 / 225

第六章 构建学习共同体：以系统化课例研究渐进式改变课堂生态

在真实的课堂中摸索出可行的路 / 237

学习共同体的未来：必将走向命运共同体 / 243

序 言
PREFACE

  课例研究是实地研究中的一种质性方法。改革开放后，我国教育界就掀起了课例研究的热潮。由于这种方法与学习共同体本土化改革的内在契合，掌握和运用这种研究方法，成为学习共同体领航教师及骨干成员专业发展和研究启动的一种急需，于是催生了《学习共同体：用课例告诉你》这部著作的问世。

  陈静静博士是一位既有学历又有学力的教育研究者。从华东师范大学博士毕业后，她毅然决然地走出学术象牙塔，一头扎进中小学教育的沃土之中。她观察一线教师课堂教学高达3000多节，分析学生学习观察记录5000余份。并且，她勇敢地站上中小学讲台，以身示范语文、数学、英语等多节公开课，现场激发起一些总是处于被动地位的学困生的学习兴趣，令一线教师心悦诚服。与此同时，她还进入了复旦大学博士后流动站和美国路易安娜州立大学等教育机构深造，不断提升自己的理论水平，真正走上理论与实践相结合的道路。经过长达十几年的学习共同体课例研究，她将学生参与，师生、生生互动，学校、家庭与社会各种因素的相互制约和影响有机融为一体，助力学生思维方式的改变和创造能力的形成。通过在全国几百所中小学的实践，她静悄悄地改变着课堂生态环境、学生的学习方式和教师自己。而教师自身的改变和专业成长才是学习共同体改革可持续发展的根本。

反复通读全书，可以发现陈静静博士的学习共同体课例研究具有深入浅出、操作性强的特色。它主要体现在以下几个方面。

1. 以理论创新为追求

陈静静博士阐释：学习共同体的课例研究，立足于特定的实践情境，意图解决真实的教育问题，并针对挖掘出来的"论题"与"难题"进行深入探索，以发展和创造新的理论研究成果。具体而言，这种研究鼓励所有教师以平等的姿态，观察、记录学生在课堂教学中的外显行为，客观分析学生外在行为产生的内在心理成因，揭示真实学习的发生机制和深度学习的演进历程。这反映出这部书的写作建立在理论创新的基础之上。

2. "课例研究"结构严谨

进行课例研究涉及五种要素的相互支撑与制约。（1）课堂观察：旨在收集课堂中发生的事件及其细节，这种观察是进行课例研究的准备和基本前提。（2）收集完整证据链：以学生为对象，收集学习案例，形成对学习的完整分析证据链，并据此深入理解学生的学习心理准备状态和学习发展的逻辑，以反思原有的教学框架。（3）关键事件研究：在完成前两个环节的基础上，将研究聚焦、指向在完整而连续的学习历程中对学习本身有重大阐释和表征作用的事件，特别着重于引起学习发生重大变化的事件。（4）重构课堂：从呈现教师"教的历程"转向学生"学的历程"。在学生的学习逻辑无法顺利呼应到学科逻辑之时，教师要以学习历程反思教育立场，以学习逻辑来引领学科逻辑，重构学习设计，改变课堂生态。（5）成果表达：对于教师们来说，做课例研究的目的是改进和创新实践。在研究过程中，教师要不断用行动去改变现状，突破自我，最终用文章表达自己的"真实发现"，记录问题解决的过程，影响和激励他人，呈现普通教师蜕变为教育专家的研究历程和成果。

3．"课例选择"真实、典型

这本著作中选择的课例，都是在复杂的多因素影响的问题情境之中真实发生的教育情境，引导教师把注意力集中到学生分析和解决真实问题上。不同学科的课例都能代表学生个体和群体发展所呈现的历史性与现实性、顺序性与阶段性、相似性与差异性、外显性与潜在性等某一方面的显著特征，以丰富教师学习研究时的感受和体验。同时，让老师们联想到这些真实问题和典型性所反映的基本原理和观点，涉及的相关数据、政策和法规，充分展示出课例研究的资源性，对提高普通教师的教育科学研究能力至关重要。

4．"课例分析"精准、深刻

学生的学习成果作为学习的重要证据是课例分析的组成部分之一。它涵盖学生认知，包括具体学科知识、学习方法和思考习惯等。情感包括对学科的情感、对师生关系或者学习同伴的情感变化等。行为，如表情、动作、语言等多方面的转变，这种分析是一种深层次的探究，可以发现学生对学习任务的解决过程、对本课内容的理解和掌握情况。它成为教师把握学生学习的困境和需求、有效改进教学和个别指导学生的重要依据。

陈静静博士用自身的行动告诉广大中小学一线教师，每一位立足于平凡岗位的教师，只要肯于转变自己的身份，重新做回学生，善于学习和接受新的教育观念，投入到解决自己遇到的各种各样真实教育问题的课例研究中，就会摆脱惰性干扰，规避职业倦怠，对教育研究产生浓厚的兴趣和好奇心，更快地成长为研究型教师。

杨　晓
辽宁师范大学教育学院教授、博士生导师
2022 年 8 月 6 日于大连

第一章

核心素养时代深度学习的课堂生态重构

核心素养导向的课堂转型

2000年前后,我国开始进行第八次课程改革,标志着基础教育从"双基"时代进入了"三维目标"时代。2016年,《中国学生发展核心素养》正式发布,意味着基础教育进入了"核心素养"的新时代。这是我国素质教育发展的重要里程碑,也是教育改革不断向纵深发展的重要体现。随后,我国出台了一系列政策来确保改革的深化和实施,如《普通高中课程方案(2017年版2020年修订)》和《义务教育课程方案(2022年版)》先后颁布,《关于新时代推进普通高中育人方式改革的指导意见》(2019)、《关于深化教育教学改革全面提高义务教育质量的意见》(2019)、《深化新时代教育评价改革总体方案》(2020)、《关于进一步减轻义务教育阶段学生作业负担和校外培训负担的意见》(2021)等,都是深入推进素质教育、巩固教育改革成果的重要举措。

核心素养的发展机制模型

一、核心素养及其本质

《义务教育课程方案(2022年版)》明确提出:聚焦中国学生发展核心素养,培养学生适应未来发展的正确价值观、必备品格和关键能力,引导学生明确人生发展方向，成长为德智体美劳全面发展的社会主义建设者和接班人。中国学生发展核心素养包括三大领域六种素养十八个要点（见图1.1）。其中三大领域包括文化基础（人文底蕴、科学精神）、自主发展（学会学习、健康生活）和社会参与（责任担当、实践创新）。核心素养是对学生接受教育后的结果提出的要求，是学生学习结果的体现，是对新时代期许的新人形象所勾勒的一幅"蓝图"①。

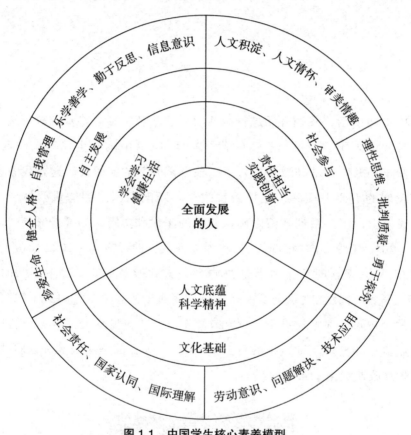

图 1.1　中国学生核心素养模型

---

① 钟启泉.学科教学的发展及其课题：把握"学科素养"的一个视角 [J]. 全球教育展望，2017（1）：11–23+46.

核心素养的提出意味着随着知识时代的来临，当知识的提取、应用变成普通人的基本生活方式，知识和技能从被膜拜的宝座上跌落下来，人才的定义也发生了巨大的变化。在一个充满不确定性的时代，在知识唾手可得的时代，在整个人类都面临着新的挑战和课题的时代，什么样的人才是最为宝贵的？什么样的人才能带领国家和人类找到新的发展可能性？毫无疑问，是能创造性地解决问题的人。归根结底，我们要培养的是能够面向未来的人，是能够解决国家和人类发展的重要问题的人。

二、核心素养的发展机制模型

中国学生核心素养模型所呈现的是学生发展的最终结果，而如何达成此结果，必须做深刻的探索，也就是要构建核心素养的发展机制模型（见下页图 1.2）。这对我国的教育改革发展是极为重要的。核心素养的获得既然是通过问题解决的过程实现的，那么，核心素养的培育过程就是引导学生解决问题的过程。在教育教学过程中，教师首先要设置问题情境（自然问题情境或者社会问题情境），然后让学生自觉地参与到问题情境中去进行分析和探索。学生在这个过程中所进行的是探究式的学习。如果问题情境比较真实而复杂，难以通过个体学生的努力去解决，那么学生之间、师生之间的协同互助就成为必然。真实的问题情境，特别是社会问题情境，促进了学生的参与。同时，因为学生必须在协同互助的条件下探索，从而进一步增强了他们的社会参与、人际互动和责任担当，在此基础上形成了人文底蕴；而学生在自主探索、分析和解决自然问题情境的过程中将获得新知，改造自然界，改造人类社会，从而获得自主发展，这也是科学精神养成的过程。在与他人共同发现和解决知识性、社会性问题的过程中，学生得到了全面发展，整个社会也将实现和谐发展。这也是每个人在学习中必然经历的过程，即人与自然世界的对话、与他人（人类社会）的对话，以及与自我的对话过程。以自我发展为中心，通过不断与自然、与他人进行对话，在真实情境中创造性地解决问题，学生能获得重要的价值观、品格和能力，产生有意义的学习和研究成果，并推动社会的发展与进步。这是学生核心素养发展的必由之路，也是素养导向的教育所必须遵循的基本原则。

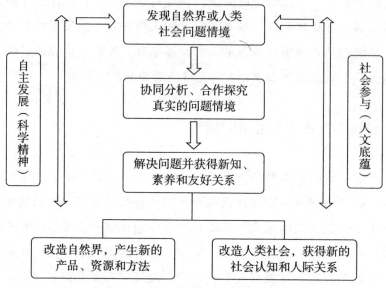

图 1.2　核心素养的发展机制模型

核心素养导向的课堂转型即促进学生的深度学习

核心素养时代对教育教学提出了更高的要求，教育工作者面临前所未有的挑战。这种挑战体现在：核心素养不是直接由教师教出来的，而是在问题情境中借助问题解决的实践培育起来的[1]；核心素养是由学生自主习得的，而不是靠教师外在灌输出来的[2]；核心素养被倾向于认为是超越学科界限、能应用于问题解决的通用能力[3]。可见，学界的一致观点是，综合素养的培育难以通过知识灌输来实现，也难以通过多项技能的单独训练来

---

[1] 钟启泉. 基于核心素养的课程发展：挑战与课题 [J]. 全球教育展望，2016（1）：3-25.
[2] 周彬. 指向核心素养的课堂转型研究 [J]. 教师教育研究，2018（2）：94-99.
[3] 张玉华. 核心素养视域下跨学科学习的内涵认识与实践路径 [J]. 上海教育科研，2022（5）：57-63.

完成，甚至无法通过多种学科的教学来实现。核心素养的养成关键在于学生自身的主动性和能动性，只有在自主学习，发现、探索自然界和人类社会的过程中，在真实的情境中发现和解决问题，才能慢慢形成。因此可以说，核心素养的养成过程也是将儿童培养成出色的问题解决者的过程。①

核心素养导向的教育从根本上说就是要发挥学生的自主性和能动性，而素养导向的课堂转型则要凸显学生的主体地位，以学生自主、合作探究的学习来替代教师的控制和灌输，从而使学生真正实现自主的学习和发展，在不断解决真实问题的过程中成为出色的问题解决者，并产生学习的真实成果、意义和价值。核心素养导向的课堂就是要将课堂变成学习的场域，学校与教师采用各种方式来引导和促进学生的深度学习。这里的深度学习包含四方面含义。

一是充分发挥学生的自主性且进行自我导向的学习。核心素养的养成必须经历自身规划、践行、反思的过程。学生在学校中学到的首要能力应该是自我导向的学习能力，即主动地判断自己的学习需求、制定学习目标、识别学习资源，选择和实施适当的学习策略以及评估学习成果。② 自我导向的学习者具有较强的内在学习动机，并能够在学习过程中自我规划、自我管理，评估和反思自己的学习过程和学习成果，做到持续学习。教师要引导学生进行自我规划、自我管理、自我激励，从而形成学生的自我发展意识；引导学生进行自主学习、挑战困难、问题探究、形成成果，从而形成自主学习的动机和习惯。

二是创设真实的问题情境，使学习过程具有意义感。研究表明，当学习发生在真实世界的情境中时，当将知识推广到更广泛的环境中时，学生可以实现深度学习。问题情境的呈现是多方面的，既可以是所学学科内的情境，也可以是跨学科的情境（学科整合和贯通）；既可以是自然情境，也可以是人类社会情境，还可以是综合情境。在真实的生活世界，问

---

① 钟启泉.能动的学习与能动型教师[J].中国教育学刊，2020（8）：82-87+101.
② Knowles, M. Self-directed Learning: A Guide for Learners and Teachers[M]. NY: Association Press, 1975.

题情境是无处不在的，但问题解决的过程需要人的充分思考、参与，因此会更多地消耗时间和精力。然而，正是在投入地分析和解决问题情境的过程中，学生才会有多方面素养的有效提升。如果为了让学生更快地接受知识，淡化甚至去除问题情境，学生没有经历问题解决的完整过程，那么即使他们获得了现成的结论，但因为没有经过充分的智力、身体参与，会缺失意义感和价值感。因此，回到学习的本质，回到真实的生活情境中去，是培育学生核心素养的主要途径。

三是强调学生要经历问题解决的过程，产生真实的学习成果。学生的学习过程始于真实的问题情境，要经历长时间的问题解决过程，这也是学生进行自我探究的过程。学生在好奇心的驱使下，去分析问题情境，并通过各种方式试错，尝试解决问题，逐渐学会学习，形成科学精神。在探究过程中，学生会产生真实的体验感和意义感，同时也可能产生真实的学习成果。与接受现成知识不同，这些经过自身努力而获得的学习成果对于学生来说具有独特的意义，是学生进行深入学习的重要动力。

四是营造积极的人际环境，合作探究促进社会互动。社会建构主义认为，学习是基于现有概念，与他人、与环境互动的积极过程。在探究的过程中，学生将对问题有更深刻的理解和感知。如果问题情境比较复杂，学生需要借助同伴或者教师的力量来解决，他们就能够理解他人、关心他人，与他们友好合作，社会参与能力逐渐提升，人文底蕴也得到积淀。对于能够进行自主学习的学生来说，问题情境、冲突、困境正是学习的最好时机，而与他人的协同、互助则是解决问题的重要资源和途径。

深度学习发生的条件与机制

深度学习的概念辨析与发展

深度学习的研究最早可以追溯到20世纪50年代。1956年，本杰明·布鲁姆（Benjamin Bloom）将教育目标分为"知识、理解、应用、分析、综合、评价"六个层次，这个划分开始延伸出学习层次的"深浅"问题。知识、理解、应用属于低阶目标，分析、综合、评价则属于高阶目标。

1976年，美国学者弗伦斯·马顿（Ference Marton）和罗杰·萨尔乔（Roger Saljo）在《学习的本质区别：结果与过程》中提出了深度学习的概念。他们认为：深度学习是一个知识迁移的过程，这个过程有助于学习者提高解决问题和做出决策的能力。①

约翰·比格斯（John Biggs）对深度学习和浅表学习进行了比较。他认为：深度学习来自理解和寻求意义的需要，引导学生将概念和想法与现有的经验联系起来，并对新兴知识的模式和意义进行批判性评估。浅表学习则是以最小的努力完成学习任务，通常是记忆信息，而不试图将概念和

---

① Marton, F. & Saljo, R. On Qualitative Differences in Learning I: Outcome and Process[J]. British Journal of Educational Psychology, 1976（46）: 4–11.

想法与现有经验联系起来,或评估模式和意义。①

美国国家研究理事会(National Research Council,NRC)的深度学习界定委员会(Committee on Defining Deep Learning)总结道,深度学习是"个体发展认知素养、人际素养,逐步能够将某一情境中所学知识运用到新的情境中(迁移)的过程"②。

威廉和弗洛拉·休利特基金会(The William and Flora Hewlett Foundation)把深度学习阐释为六种相互关联的核心竞争力,即核心学业内容知识的掌握、批判性思维与问题解决、有效沟通、写作能力、学会学习、学术心志。美国教育研究会(America Institutes for Research)将其进一步细化为认知、人际、自我三大领域,从而形成了深度学习在领域维度与能力维度的兼容性框架。

休利特基金会(The Hewlett Foundation,2012)提出:深度学习是学生在急速改变的世界中获得成功所需的知识与技能。深度学习帮助学生掌握核心的学术内容,批判性思考和解决复杂问题、协同工作、有效沟通,以及为学会学习做好准备。

总之,学界对深度学习的理解经历了一个长期的过程:最初,对深度学习的认知主要集中在认知领域,聚焦在知识掌握层面,认为深度学习主要是学习者对所学内容的理解、掌握的状态和结果,关注是否能够真正理解知识、掌握知识、产生迁移及迁移程度;其后,深度学习注重问题解决,即学习者能够分析和理解问题情境,尤其是在复杂情境中通过高阶思维,综合运用各种知识来解决问题。最新的研究成果则将深度学习看作认知因素与非认知因素复杂交织的过程,期望人的情感的愉悦、投入与知识的获得、问题的解决等形成良性的互动关系,从而使学习不断深化,并产生创新性的成果,而不只是对知识的复制和掌握。

笔者认为,深度学习是基于学习者自发的、自主性的内在学习动机,并依靠对问题本身探究的内在兴趣维持的,一种长期的、全身心投入的

---

① Biggs, J. Teaching for Quality Learning at University[M]. London: Open University Press, 1999:14.
② [美]詹姆斯·A·贝兰卡.深度学习:超越21世纪技能[M].赵健,主译.上海:华东师范大学出版社,2020:24.

持久学习力。首先，从动机情感上说，深度学习是一种全身心投入、身心愉悦充实的学习状态，学习者常常是忘我的、不知疲倦的；其次，从认知的角度看，深度学习是思维不断深化的过程，向高阶思维阶段（分析、评价、创造）发展，学习者能够不断自我反思与调节，这样的学习最终会通往自发的创造；最后，从人际关系的角度来看，深度学习者对自己的学习充满信心，而且能够与他人有效沟通合作，共同克服困难并解决问题。

深度学习的螺旋桨模型

笔者根据自身的观察与研究，结合美国教育研究会提出的深度学习在领域维度与能力维度的兼容性框架，构建了深度学习的螺旋桨模型（见图1.3）。深度学习的核心目标是"自主创造"，在认知领域主要表现为深度理解与掌握、高阶思维和问题解决；在动机情感领域表现为全身心投入、忘我状态和自控策略；在人际领域主要表现为自我接纳、有效沟通和协同合作。深度学习活动会形成一种持续探索的冲动，并将不断深化，如同"螺旋桨"，是一个人成长和发展的巨大动力系统。①

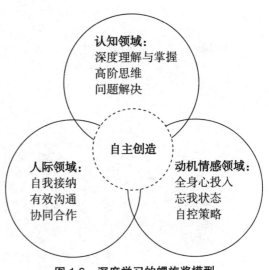

图1.3　深度学习的螺旋桨模型

首先，从学习的主体来说，学生成为学习的发起者，学习者的学习需求处于核心地位，学习资源、学习时机、学习方式、学习环境，由学习者

---

① 陈静静，谈杨.课堂的困境与变革：从浅表学习到深度学习[J].教育发展研究，2018（16）：90–97.

个人选择和决策。这些持续的自主学习既可以是面对面的，也可以是在虚拟学习环境。学习者自行制订学习计划，向不同的教师学习，向同伴学习，在开放舒适而融合的环境中，自主地学习和创造。深度学习的最终目标指向自主创造。在学习的过程中，学生有以下五方面的心理需求，即安全与归属的需求、自主学习的需求、平等交流的需求、冲刺挑战的需求和自主创造的需求（见图 1.4）。只有不断满足学生的学习需求，学生的学习才会不断深化。

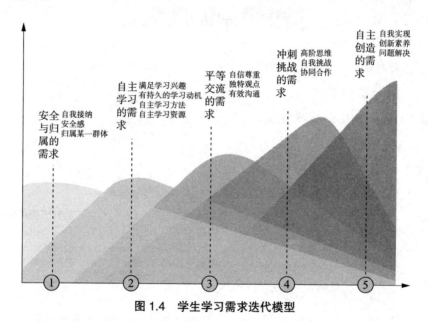

图 1.4　学生学习需求迭代模型

其次，从深度学习的目的来说，深度学习者不是以被动接受任务为特征，而是以自主创造为目标。被动学习者靠奖励系统来完成学习任务，他会接受新任务，寻找出路（倾向于旧方案或者捷径），如果成功了，将期待外在的奖励，如果失败了，就会产生挫折感并等待新任务；深度学习者则会产生一种内发的"自奖励系统"（见下页图 1.5）。其学习是因为好奇或者困惑而产生的，这样的问题情境让他产生探索和挑战的冲动。因为情境的新异性，学习过程中往往会倾向于采用新方案，原因在于旧方案无法解决。当学习者解决了问题或者困惑，他会感受到快乐和成就感，如果失败了，会产生再度挑战的冲动，因为学习者内生的问题还没有解决，好奇心和求知欲还没有得到充分满足，因此会不断地向未知领域发起挑战。以这样的自奖励系统为导向的学习是一种自主创造的过程，其成果的意义和价值已经远远超过了掌握旧知识的范畴，是在创造新经验、新产品、新方法，也就是知识创新的过程。

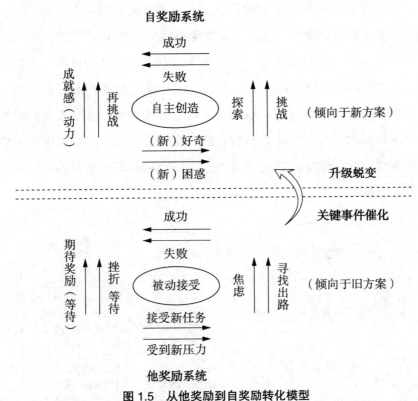

图 1.5 从他奖励到自奖励转化模型

再次，从深度学习的内容层次来说，深度学习至少包括三个重要方面（见下页图 1.6）：一是知识层面，二是素养层面，三是价值观层面。第一层次知识的掌握是一个复杂的学习过程，既包括是什么（what），又包括为什么（why）和怎么办（how）。这是一个知识获得的完整过程，这个层面可以概括为"学会知识"。第二层次是学习的方法论，如学科学习的方法、自主学习的方法、协同探究的方法、交往对话的方法等。这些都要通过对问题情境的发现、清晰化、提出方案、解决问题等过程来实现，其学习过程将更加复杂。到这个层次，学生不仅仅是理解和掌握知识内容，而且开始"学会学习"和"学会做事"。第三个层次是深度学习的最高层次，就是聚焦人的价值观的形成。学生通过长期的学习，开始学会自我反思，体会学习的乐趣，对世界充满好奇，探索人生和生活的意义。学生在学习过程中所感受到的人与人之间的关系、人与客观世界的关系以及人与自己的关系得到不断印证和深化。价值观的影响力极其深远和广泛，学生的价值观将深刻地影响到自身的学习、生活等所有方面，并将可能产生终生的影响。这个层次可以概括为"学会做人"，是最为关键和重要的方面。随着学生学习历程的不断拉长，他们在学习中的所有体验将变成他们对于自我的深刻认知和反思，并泛化到所有的人生情境中去。这是深度学习最为深刻的意义。从深度学习的内容层次，我们也可以看到学习不断深化的可能性。

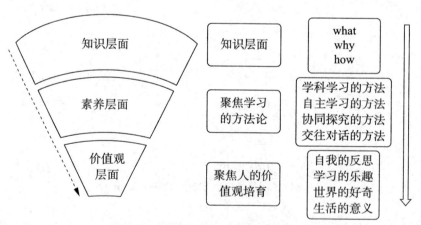

图1.6　深度学习的内容层次模型

另外，从深度学习的深化路径来说，学生通过自主学习提出新的观点或者问题，并通过思考提出假设性解决方案或者解决问题的线索，通过推理、讨论、实践等方式去验证，逐渐形成观点，然后不断修订观点、方案，发现新问题，从而产生继续探索的渴望。这是学习不断深化的内在机制（见图1.7），也是核心素养的形成过程。学生发现知识性问题或社会性问题，自主思考、协同解决，从而获得和改组知识，理解和融入社会，实现每个人的自主发展和社会的和谐发展。这既体现了自主发展（科学精神）的养成过程，也体现了社会参与（人文底蕴）的形成过程。教师则是和学生共同探索和创造的角色，他们为学生的深度学习提供助力，通过创设真诚、温暖的环境支持学生，对学生提出的观点和问题充满关切，鼓励学生自主思考和自主解决，并为学生提供必要的专业支持，对学生思考和实践的成果予以鼓励，并通过提供建议和资源等方式，促进学生更加深入地探索。这是师生共同进行深度学习的内在机制。

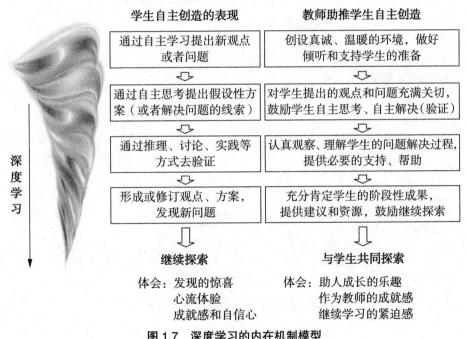

图1.7 深度学习的内在机制模型

最后，从深度学习的成果水平来说，深度学习的成果至少包括三部分内容（见下页图1.8）：一是学业成绩的提升，二是学习素养的形成，三是心智模式的改变。深度学习会在一定程度上提升学生的学习成绩。学生经历了完整的学习历程，对知识和概念的理解会更加深刻，更容易迁移和应用，但如果出题的方式本身是比较浅表的、讲求速度的、不求深度的，那么考试的成绩并不能说明学生的真实学习情况。考试成绩虽然是相对显性的，容易被看到，也备受重视，但是因为考试本身受各种主观因素的影响，可能会出现较大的偏差，并不能作为稳定的学习水平的参照。深度学习与学习素养的形成密切相关，学习素养相对比较隐性而深刻，是个人学习的方法论，指导人的持续学习活动，决定人的学习动机、策略、学习投入度和时间分配等。学习素养的养成需要更长的时间，但一旦养成，对学习的指导作用是持久的。深度学习最大的价值是对学生心智模式的改变。心智模式是人思考问题和解决问题的心理准备状态，是最为隐蔽的，但对人的影响也是最为深刻的。心智模式一旦形成，会影响到一个人学习和生活的方方面面，使其受益终生。

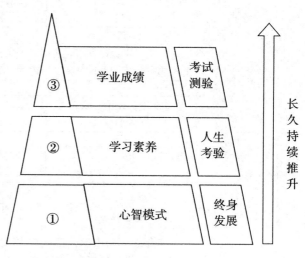

图1.8　深度学习的成果层次模型

指向深度学习的课堂生态重构
——学习共同体

　　1976年，美国教育家劳伦斯·克雷明（Lawrence Creming）在其著作《公共教育》一书中，率先提出"教育生态学"的概念和理论。他的观点的核心是将教育视为一个有机的、复杂的生态系统，其中的各因子（学校和其他教育者）都有机地联系着，这种联系又动态地呈现出统一与矛盾、平衡与失衡的状态。这指明了教育生态系统的复杂性和联系性。因此，他提出要全面地思考、联系地思考、公开地思考教育问题。邓肯（Duncan）提出：生态系统是由"生态复合体"的范畴组成的，包括人、组织、环境和技术四个变量。生态协同各要素之间是复杂耦合的，生态系统中的某一部分发生变动，必然会影响、作用于其他部分。整个系统结构建立在社会系统各个要素相互关系的基础上。[1]1979年，布朗芬布伦纳（Bronfenbrenner）提出生态系统理论，强调发展个体嵌套于相互影响的一系列环境系统之中。在这些系统中，系统与个体相互作用并影响着个体发展。布朗芬布伦纳认为，这些影响人的发展的系统是循序渐进、相互适应的鸟巢型结构：微系统是一个人的直接环境，个人在其中进行互动和

---

[1] 范国睿. 教育生态学 [M]. 北京：人民教育出版社，2019：9.

直接参与；中观系统由一组相互连接的微系统组成，充当微系统和两个远端环境之间联系的桥梁；外系统中发生的活动和事件影响微系统，但不直接涉及个人的参与；宏观系统包括更广泛的社会、政治、文化、经济条件等。这些生态系统将对个人的发展起到重要的作用。[1]

总之，随着研究的深入，学界越来越倾向于把教育教学看作一个复杂的、互动的、开放的、不断相互影响和作用的生态系统，将个体学生的学习及其影响要素，包括课堂、家庭作为微观生态，将学校、社区以及与之相关的社会组织作为中观生态，将外在的经济、政治、文化等条件作为宏观生态进行研究。以微观生态为突破口，可以剖析学生深度学习的机制及其影响因素。以此为基础，教师可以提出指向深度学习的渐进性生态变革的路径。

微观生态系统：尊重学生的自主性，构建彼此倾听的共同体文化

一、构建温暖安全、彼此倾听的学习共同体班级

深度学习的发生是有条件的。对每个学习者来说，深度学习是从自主的思考和发现开始的，要放弃被动接受现成知识的想法，从最开始就做好自主探索的准备，并愿意为此付出努力。这个过程既是学习者因为问题解决而不断深化学习的过程，也是教师倾听、理解、鼓励、帮助学生成长的过程。教育者乐于倾听学生，给他们创造温暖而友好的支持环境，创设可以自由探索的空间和资源，并搭建脚手架，使学生的深度学习成为可能。同时，教育者要支持的不是个别学生，而是全体学生，要让所有学生的学习都成立，就要让这个班级建立起彼此倾听、互相学习、共同探讨的文化，师生之间、生生之间彼此平等，互相欣赏，共同交流和进步。只有这样的文化氛围，才会使每个人感到自在、温暖、有成就感。这就是学习共

---

[1] Bronfenbrenner, U. The Ecology of Human Development: Experiments by Nature and Design[M]. Boston, MA: Harvard University Press, 1979.

同体所追求的关系，也是深度学习的课堂生态的基本特征。

要让学习真实地发生，就要让课堂处于一种安全润泽的氛围之中，让学生减少紧张、焦虑，呈现一种真实、自然的学习状态。教师要呈现出"倾听"的身心状态和"柔软"的身体姿态，改变僵化的课堂氛围。只有当教师真正理解学生并具有人文关怀时，学生才能学到更多的"基础知识"，并展现出更高的创造力和问题解决能力。

要把学习的机会真正交到学生的手中，就要真正理解学生的复杂学习历程，教师要在课堂教学中对学生学习规律给予充分的尊重、理解、支持和助力。首先，从教学过程与教学节奏上看，教师要给学生充分的自主学习时间，并且让学生形成相互合作的关系，让学生有充分的思考、交流、试错和修订的时间。在学生的思考遇到困难或者无法深入的时候，教师再去点拨、指导，因而教学节奏要慢下来，教学环节要尽可能简化。其次，从教学设计与策略选择上看，我们要改变凭经验教学或者按照教学参考书来教学的常规做法，通过细致的课堂观察和深入的教学质量分析，充分了解学情，特别是学生的学习困难到底产生于何处，从学生的学习困难入手，进行"逆向"学习设计，从而为学生的学习提供有针对性的帮助。

二、理解和分析学生学习困难与需求，以高品质设计引领学生深度学习

为了深度理解学生的学习规律与需求，发现并解决学生的学习困境，从而真正提升课堂教学的品质，我们通过近十年的实践，研发出一种新的课堂观察方法，即焦点学生完整学习历程观察与关键事件分析（learning-process observation and critical incidents analysis，LOCA Approach）。为了保证观察的深刻度，教师的课堂观察应以学生为中心，选择一位具体学生作为焦点学生，要放下身段，坐在这位焦点学生的身边，与学生进行良好的互动，减轻学生的心理压力，尝试进入一种良好的倾听状态，用眼、耳、

心同时去收集信息，感受和体会学生的内心世界，保持与学生精神"合一"的状态。焦点学生可以是有意选择的，也可以是随机选择的，对焦点学生的学习全过程进行观察、记录和反思。焦点学生所表现出来的任何微小的变化，观察者都要关注和揣测。如果我们的观察确实到了如此细致入微的状态，就可以尝试体会学生的内心世界，站在学生的立场，真正走进他们的内心，去了解他们的顾虑、不安、渴望、需求等（见图1.9）。通过学生的具体表现来反观自我的教学，比为执教老师提出建议和意见更有深意。

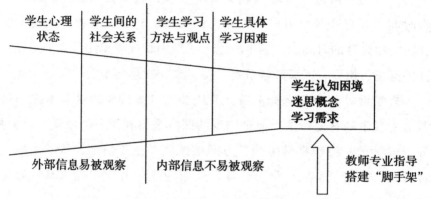

图 1.9　焦点学生完整学习历程观察与成果模型

要实现学生的深度学习，就要进行高品质的学习设计，这是课堂教学质量的重要保障。"学习设计"是为了学习者有效地开展学习活动，从学习者的角度为其设计学习计划、活动和系统，为学习者系统规划学习活动的过程。它为学生的学习提供活动脚本。学习设计必须遵循学习者的学习起点、认知风格和学习历程，揣摩和研究学生学习知识的基本历程：学习的起点是什么，需要经历怎样的学习过程，会遇到怎样的困难，可能会提出怎样的问题，会采用什么样的学习方式和策略，最可能在哪些方面得到发展等，并通过有效的设计将学习活动引向深入。

学习设计要以促进学生探究未知为出发点，进行逆向思维，根据确定的学习主题，设计出具体问题，并设计评价标准和"脚手架"，鼓励学生动手实践。在学生遇到困难时，教师再进行指导，帮助学生完善自己的学习成果。它强调学生在具体的任务或挑战性情境中主动探究，在实践活动中动手设计、创造，而不是对已经掌握的知识进行反复复习和巩固。对未知的好奇和对问题解决的渴求，是学生进行深度学习的重要动机。因此，学习设计要贴近学生的生活经验，形成具有挑战性的研究课题。从宏观的角度上，学习设计是通过学习环境的设计、真实挑战性问题的设计以及自主互信关系的建设，使学习逐渐自主化、深度化、成果化、多元化，从而形成信赖共生的学习共同体。从微观的角度上，它是指通过高品质学习任务的设计，引领学生运用高阶思维解决问题。

三、教师专业发展新路径：倾听者—设计者—研究者—创造者

教师的传统专业发展路径是"师徒带教"和"独自实践摸索"，他们常常囿于早期的受教育经验，被学生时代的记忆所引导，从而形成复制、再现、再生产原来教师实践的过程。很多新手教师从原有的知识库中去寻找对自己的课堂情境的解释方式，熟练地应用着曾经被千百次重复的方法和策略，并为这些方法和策略找到合理的理由，全然不顾今天的学生、教材、教育目标等都已经发生了重大的变化，心安理得地重复着昨天，以"教的逻辑""教材的逻辑"为中心进行灌输和传授。这样的专业发展路径非常缓慢，教师的教育经验容易被固化，专业发展停滞，甚至出现职业倦怠。

要改变这种情况，就要打破教师专业发展的传统路径依赖，建立新的专业路径，即通过对教育教学实践的研究和反思，逐渐变成研究者身份，使教师的专业发展走上"倾听者—设计者—研究者—创造者"的新路径。教师的首要工作是作为倾听者去了解学生，精准分析学情，了解学生需求和发展的渴望，这是教师成为倾听者的意义所在。但在师范生教育以及在职培训中，这方面的培养是比较缺乏的。为此，我们研发了"焦点学生学习历程观察与关键事件分析"的方法，引领教师在学校情境

下，通过对每个学生进行细致的观察、研究和分析，真正了解学情，逐渐形成对学生学习困境和需求的敏感性，能够从学生发展的角度进行自我反思和教学改进。作为设计者，教师要在充分理解学生的基础上进行高品质的教学设计，从学生的原有经验和认知特点出发，设计教学任务框架，并以最符合学生身心发展特点的方式应用教学设计，让学生参与到问题解决过程中来，并通过做中学获得知识和能力，获得积极的学习体验和持续的学习动机。教师从知识传授者的角色变成学习设计者的角色，这是学生深度学习的重要保障。要成为出色的学习设计者，教师必须有对学科的深度理解和把握，在研究学生认知、心理发展等方面有深厚的积累，善于在学情观察中发现学生的困境，解决教学设计中所面临的瓶颈性问题。教师为了解决这些问题，就要通过读书、请教、研讨、反思、写作等方式进行研究，从而成为"实践取向的研究者"，并迅速获得专业发展。教师在学科本质方面的研究越深入，对学生的理解和研究越深刻，他们在实践中就越有可能摆脱亦步亦趋的执行者角色，会渴望突破原有的教学模式，进入一种灵动的、活跃的、新鲜的、挑战性的教学状态中。他们渴望对教学内容、教学方式等进行创新性的探索，并在不断的实践中产生创新性的成果。这样，教师就进入了专家型教师的行列，并开创自己独特的教学风格、教学理念、教学范式等，从而成为真正的课程创造者。这些教师选择了一种以"研究"为核心的专业生活，也就选择了只有前进不能停滞的人生状态。他们看到课堂的真实风景，看到学生的学习困境和需求，看到教育生态中的症结，这些实践中不断出现的问题引领着学习共同体的研究和实践。有了对教学实践的深刻理解，对学生学习需求的敏感捕捉，教师就可以据此对自己的实践进行反思、改进和重构。这是专家型教师做研究的根本动力，如此才可以实现教师专业的跨越式发展，开辟专家型教师成长的新道路。教师也才可以从机械执行外部教学任务的"教书匠"发展模式，走上自主探索的"课程创造者"发展模式。

中观教育生态：以学生学习为核心构建多层同心圆结构共同体系

一、建立学校作为学习共同体的愿景，让每个人获得平等的深度学习的机会

学校要真正促进学生的深度学习，保障每一位学生公平的学习权，保障每一位教师平等的专业发展权，就必须建立学习共同体的理念。学校不应该成为科层组织，而应成为以"每一个人的学习和发展"为核心愿景的、彼此倾听和相互支持的学习共同体。对学校来说，这意味着一场真正的组织变革。学校中的每个人要确立共同的发展愿景，将公平和高质量的教育作为核心目标，将保障学生的平等学习权立于学校的中心，并营造融洽的组织氛围，建立共同的行为指南，潜移默化地影响组织成员，使成员能够共享这一愿景，并为之付出努力。同时，要改善学校中每一个人的心智模式，引导每一位组织成员通过不断学习克服自身的短板，改变固有的思维方式和习惯，发挥优势。在促进学生深度学习的过程中，教师需要多方面的专业发展，学校也应为教师创造校本研修的机会，提供有效的支持，让教师能够安心地教学、快速地发展，建立良好的团队关系，形成相互支持和学习的制度，具备更好的教学研究能力，从而提升教师整体的专业水平，实现师生的自我超越。在共同目标的引领下，教师以时不我待的精神加强自我历练并努力实现自我突破，在团体中互相配合、互动交流，形成合力。最终，不但组织成员能有效解决个体学习中存在的问题，而且可以通过共同探究，每个人成为别人的脚手架，推动团体实现共同愿景。

在日常观察和深度访谈中，我们深切感受到，学校如果能够建立共同体的发展愿景，真正形成与之相配套的行动纲领和技术路线，为共同愿景凝心聚力，将师生的潜能激发出来，学校的发展空间是非常大的。全国各地学习共同体领航学校的快速发展说明了共同愿景的重要性。形成共同愿

景，达成组织共识的团队，整个学校就形成了强大的能量场。访谈中我们发现，这些学校的老师更加积极乐观，对于学生的评价、生态环境的认知都倾向于正向，他们的自我发展取向更加积极，复原能力更强。他们特别善于向学生、向同事学习，整个团队朝气蓬勃，形成了共同学习、共同发展的生态场域（见图1.10）。

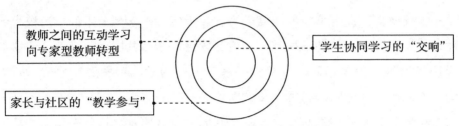

图1.10 学校作为学习共同体的发展愿景图示

二、建立"观察描述—自我反思—协同改进"的校本研修文化，构建教师的专业共同体

教师的深度学习和专业研究能力是学生深度学习的重要保障。作为当前基础教育变革的核心领域，课堂变革如何实现每一个孩子的高品质学习是所有教育工作者必须面对的问题。课堂作为一个复杂的生态系统，包含着广泛复杂的实践内容，比如教学技术研发、学习任务设计、课堂活动系统安排等。首先，教师需要对学生有强烈的情感共鸣和关照，即能够站在学生所面临的情境中，了解学生未能表达出的语言、情感，不对学生的发言内容做"好"或者"不好"的判断，而是在和学生的对话中，理解学生当下的需求。其次，教师能够在不断成熟的同理心中，对引发学生变化的学科领域进行专业判断，成为学习者和研究者，以促进学生的深度学习为目标，不断提升自己的专业能力，并与本校的同僚形成共同研究的机制，将校本研修的重点放在倾听关系营造、高品质的教学设计、学生学习需求的把握等方面。这样，整个教师团队的专业性才能不断提升。协作探究不仅是一种解决问题和完善个人实践的方法，还是一种利用学生习得的相关证据来

建立协作式学习团队并产生可应用的共享知识的系统方法。① 这将使教师从倾听者到设计者到研究者再到创造者,实现个体和团队的跨越式发展。

三、"校长倾听师生声音",改变学校治理方式,构建良好的学校生态

作为学校的领航者,校长要倾听师生的声音,充分尊重和理解师生的内在需求,在此基础上进行有效的专业引领。学校建立起一种"倾听型"的治理机制,而不是自上而下的管理思路。校长要调用方方面面的力量,将校内外各种因素优化组合,创造富有生机和活力的校园生活,为教师的发展创造良好的学校生态。

要重建教师主体地位,将发展权还给教师,让教师分担行政权。学校向学术骨干和一线员工大量赋权,大量收缩学校领导层以及行政部门的行政管理权,将金字塔式的权力结构改变为网状交互式权力结构。学校管理由惩戒变为鼓励,由目标变为理想,由指令变为指导,由外驱变为内驱,让教师发展成为内在需要。对于主体性强的教师,发展才是"内需"。学校要构建实施"岗位制校本科研"模式,将课程内容教研化、研究行为日常化,形成全校热爱教育、钻研教育、交流教育的良好文化氛围。要重建教师共同体,避免过度竞争制度设计,重申教师的学术自由和学术自尊,学术自由是教师的生命。重建非行政介入的、基于教师共同目标和兴趣的学术组织和学术小团队,让教师共生共荣,在各项目团队中成为学术明星。好教育终究是好教师带来的,重建教师成长生态,促成教师生长,这是学校发展的重要动力。整个学校成为一个公平、民主、互学、共进的学习共同体,每个人的深度学习权才能得到保障。

---

① [加]迈克尔·富兰,等.深度学习:参与世界,改变世界[M].盛群力,等译.北京:机械工业出版社,2020:122.

四、教师、学校管理者、教育行政管理者、专业指导者等各方同心圆整体互动

以促进学生的深度学习为核心,让教师专业发展、校本教研、学校管理、教育行政管理与业务指导形成同心圆结构,同频共振。教师、学校管理者、教育行政管理者、专业指导者等各方,由原来的管理与被管理、上级与下级的等级关系,转化为相互倾听对话、合作解决问题、互动交流的共生关系,共同指向教育最深层、最内核的问题,即以课堂为核心的课程教学活动——学生的深度学习和创造性问题解决。教育管理部门应自觉营造和维护学校的良好生态,并直抵课堂现场进行观察和研究,发现学生的学习历程和困境,了解教师的渴望与需求,把握学校的发展方向和目标,从区域层面进行战略性思考,解决体制机制上的痛点、难点问题,为师生和学校的发展保驾护航。21世纪技能伙伴组织(The Partnership for 21st Century Skill,2013)总结道,如果想让学生成为21世纪成功的深度学习者,学校必须像专业学习共同体一样运行。但是,把传统学校转化为专业学习共同体,如果学校希望促进学生的深度学习,学校必须创造引发教育者深度学习的条件。要呼吁教师、教研员、校长、督学等重新定义他们的角色和责任。①

五、完善在线学习系统,构建智慧型校园和学习型社区,形成深度学习的网络生态环境

我国的在线教学效果受到硬件不足的制约,而且目前在线平台的设计尚未充分运用新技术形态,因此难以产生新颖的、充满吸引力的学习体验,教学效果不够理想。未来的智慧化校园是一种能够实现环境全面感

---

① [美]詹姆斯·A·贝兰卡.深度学习:超越21世纪技能[M].赵健,主译.上海:华东师范大学出版社,2020:65.

知、网络无缝互通、全息立体大数据支撑、支持泛在化学习、为师生提供智慧化服务、支持学校全面变革的全新的校园形态。学习者可以通过移动终端和设备随时随地学习。要实现这一目标，首先，要完善我国基础教育的网络设备，特别是农村和偏远地区的网络环境，大幅度降低网络使用费用，使学校和家庭都具有良好的网络条件和学习设备。其次，要完善在线学习平台，构建性能更加稳定、资源更加丰富、操作更加方便、能够灵活进行教学的在线学习平台，使学习者能够随时免费使用，每位师生在平台上都拥有自己的学习空间，能够进行自主管理、交互、共享。最后，要创新在线教学管理机制，打破原有的以学校为中心、教师为中心的格局，构建以学习者为中心的教育生态。OECD发布的《2030学习框架》，以学习罗盘为核心，左侧是支持学生学习与发展的外部体系，包括同伴、教师、父母与社区。学生的学习与发展不仅是学生自己的事情，更是家庭、学校、社会的共同责任。右侧是共同愿景，即幸福生活的实现，以学生的终身学习和幸福为目标。建立自主自治的学习治理模式，政府要做好顶层设计和发展布局，由专业研究者提供专业引领，学校、社会、家庭都为个性化学习提供机会、资源和条件，为学习者提供高品质的课程、媒体、技术等。总之，教育中的利益相关者都要为学习者提供各种支持，保障每一位学习者的高品质学习权。

宏观社会生态：超越管理控制，走向共同体治理

随着我国社会经济的快速发展，教育也面临着转型的迫切需求。党的十九大报告明确提出，"努力让每个孩子都能享有公平而有质量的教育"。中国基础教育发展的核心关切是人人共享高质量教育发展成果，以人民群众对高质量教育需求的满足为导向，不断提高基础教育发展的优质化程度和水平，由规模扩张转向结构升级，由外延式发展转向内涵式发展，实现教育更公平、更均衡、更协调、更全面、更创新、更优质、更可持续及更安全发展。

实践证明，教育改革是复杂性的系统工程，它牵动着整个社会生态的变革和优化。教育变革是宏观生态、中观生态和微观生态之间不断进行物质和能量转化的过程，宏观的经济发展、文化氛围、社会环境无时无刻不影响着教育系统中的人，同时教育的中观和微观生态的变革也将触发宏观生态的因素变化。这种互动一时一刻都没有停止过。教育的变革既可以走自下而上的内生型道路，也可以走自上而下的外促型道路。两种改革道路相互结合，其效果最佳。

虽然在微观层面教育教学改革取得了局部性的成果，但这些改革成果是比较脆弱的，主要原因是微观（中观）的改革与更大范围、更高层面的教育运行机制之间的适配性不够。要让每个学生从根本上改变学习方式，需要制订系统性的改革方案。要让更多的教育工作者能够安心教学，投入专业的研究和实践中，就要改变控制型管理的思路，做好学术引领、需求倾听、交流对话、鼓励支持、资源供给等。教育者感受到理解、支持、信任，就会更愿意投入改革，更容易将这样的正向关系迁移到自己的专业实践中，这样才能进一步巩固和扩大改革的成果。

要改变学生浅表学习、功利学习的状态，还需要宏观环境的不断优化。目前学习者、教师和家长面临很多宏观生态中的问题，必须通过宏观政策去调控，也需要通过社会的发展一点点去改变。从社会文化意识来说，人才观还存在着一定的误区，没有看到不同类型人才的独特作用，将人分成各种层次，不同层次的人在社会地位和薪酬待遇方面差异很大。这就会让人们产生追求名校、追求高学历的外在需求，希望将学习作为获得优越生活和工作条件的敲门砖，学习的功利性价值被强化，而内在价值被忽视。从教育资源供给来看，目前我国教育资源存在区域、校际之间的巨大差异，最明显的就是重点学校与普通学校、公办学校与民办学校在生均经费、师资力量、学习环境、资源配置方面都有比较大的差异。这会让家长和学生产生资源竞争的焦虑，为了获得资源不断内卷，从而使教育生态不断恶化。学生作为宏观环境中的一分子，在选择和行动的时候，也会受到外界环境的重要影响。

要使更多的学生进入深度学习，让更多的教师和学校加入教育教学改革研究与实践中，就要有重构教育生态的意识，从根本上改变教育治理范式。党的十八届五中全会将新发展理念融入社会建设方略之中，提出要"构建全民共建共享的社会治理格局"。在此基础上，党的十九大报告进一步提出要"打造共建共治共享的社会治理格局"。从提出"构建全民共建共享的社会治理格局"到"打造共建共治共享的社会治理格局"，治理不再是政府自上而下的发号施令式的、单一向度的管理，而是上下互动的、共同协商的、多元网络化向度的服务与管理相结合的过程，中央政府与地方政府，地方政府之间，以及政府、市场与社会之间不断协商、博弈，最终达成合作共识并采取集体行动。在这一模式中，政府、企业、社会组织、公众都不再是单一的治理主体，而是在党的领导下，发挥各自的优势，协商交流，共同参与，实现权力、权利、义务、责任的多元互动，达成治理效果最优化。

指向学生深度学习的教育生态应该是一种共同体治理的生态（见下页图 1.11），以学生的学习和发展为核心，发挥多主体在治理中的优势，在学校教育系统内部达成学习共同体的愿景，教师进行教育教学改革的探索，学校为教师提供平台、资源等多方面的支持，教育主管部门赋能学校和教师，根据他们的需要提供相关的支持。家庭、父母和社会大环境都要进行相应的改变，如社会分配制度更加公平、教育资源配置更加均衡、社会的人才观更加科学、社会治理方式更加专业，它们之间构成同心圆的结构，而同心圆的圆心就是儿童的发展。不同的组织都有平等参与教育治理的权力和责任，它们之间不是明确的层级关系，也不是强势的管控关系，而是相互信赖、彼此倾听、相互支持的共同体关系，共创、共享、共治。这样能使微观生态中的"人"感受到支持和温暖，生成探索和创造的冲动，进行深度的、创造性的学习。每个人都能感受到学习所带来的成果、乐趣和成就感，整个生态才能焕发成长的生机。这是学习共同体改革的核心目标，也是教育生态变革的应有之义。

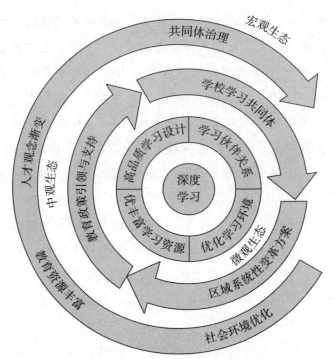

图 1.11　指向深度学习的教育生态变革模型

第二章

教师成为课例研究者

学习共同体视野下的课例研究转型突破[①]

随着时代的发展,教师面临的挑战日益复杂,教师的专业定位也从"技术型熟练工(工人)"转变为"反思性实践者(专家)",教师要"从熟悉科学的理论与技术的技术熟练的专家,转型为反思性实践者"。课例研究作为培育反思性实践者的重要方式应运而生。课例研究是专业性地理解、阐释、回应和解决教育现场真实问题的有效方法。课例研究在改进教师课堂教学方面的卓越成效备受世界各国瞩目。[②] 课例研究是教师专业发展的重要路径,是一种适合教师的研究方法,也是一种教学变革实践研究。课例研究是"教师以课为载体,对教学实践中的问题展开的合作性研究"[③]。

学习共同体中的课例研究,鼓励所有人以平等的姿态研究学生的学习行为。教师与研究者通常会分散在教室四周,拿到学生的座位表,架起摄像机,观察学生的外在表现。在有需要的时候,教师往往会走到学生身边,了解一些信息。来自大学的研究人员,则会在多个教室之间往复走动,快速地观察和了解学生。课例研究明确要求将研究视角从观摩教师的

[①] 文章作者:复旦大学硕士研究生谈杨、上海师范大学副研究员陈静静。
[②] 安桂清.课例研究[M].上海:华东师范大学出版社,2018:1.
[③] 同②:18.

教学行为转变为观察学生的学习表现。尽管大部分情况下，观察者是从较远的距离进行记录，以关注外显的表情动作为主，但其研究的证据、分析的内容无一不是学生的真实学习行为。在此基础上，教师不再沉迷于"技术理性"神话，而是立足特定的实践情境，解决现实中的真实问题，挖掘其中的"论题"与"难题"，最终在解决实践性问题的时候，发展和创造新的理论研究成果，逐渐成为"反思性实践者"。

课例研究与听评课、校本研修的关系

课例研究一般被界定为教师或教育工作者联合起来对真实课堂情境及其教育观念进行系统性分析的活动。它以课为例，聚焦特定问题，开展系统化的课堂实证研究。与传统听评课仅聚焦教学技术改进不同，课例研究基于真实情境，还注重形成"群体性合作关系，推动教师的过程性反思及持续性改进"[1]。陈向明更是明确提出，"课例研究本身就是一种教育改革"[2]。

美国学者科伦查·史密斯（Cochrance Smith）与利特尔（Lytle）为理解"教师作为研究者"的概念，设定了教学研究的两种方式。一种是"过程—产出"范式。这种范式假定教学是一种线性活动，教师的行为是原因，学生的学习则是结果，教学研究就是探求教学行为和学生学习成就之间的关系。另一种是"教师研究范式"。该范式将教师预想为研究者，通过对实践中所产生的问题进行解释性研究，让教师理解教学中具有的情境性、高度复杂性和交互性特点。这种研究重视描述学校和教室中所发生的事件并尽可能丰富地将其记录下来。从这些记录中，人们可以洞察教学所涉及的参与者的意义。[3]

---

[1] 安桂清. 国际比较视野下的课例研究：背景、现状与启示 [J]. 教师教育研究，2014（2）：83-89.
[2] 陈向明. 教育改革中"课例研究"的方法论探讨 [J]. 基础教育，2011（2）：71-77.
[3] 安桂清. 课例研究 [M]. 上海：华东师范大学出版社，2018：4.

近年来，课例研究在中小学教育教学研究中逐渐得到认可，在学习品质改进、教师专业发展和学校研修文化营造上均发挥了良好的作用。当然，在面对课堂的个性、社会性、复杂性方面，课例研究依然面临着诸多挑战。课例研究与一般意义上的校本研修和听评课，有着一定的区别和联系。

校本研修强调学校层面的教师专业发展制度，由学校管理层设计、协调和开展，以解决本校具体问题为核心，促进本校教师和学生的发展。以制度性为主要特色的校本研修，包含了听评课、教师共读、专家入校讲座、外出研修等在内的各类教育发展或研究性活动。校本研修的制度性困境也在各地凸显，比如"教师对校本研修缺乏热情本质上是校本研修对教学成效贡献率偏低""教师对专家本身的怀疑和缺乏信任，专家引领的校本研修同样难以为继"[1]。

另外，听评课在我国有着较长的历史。作为教师交流和发展的基本途径，听评课形成了三种活动取向：教师教学评价考核取向、课堂教学方法研究取向和教师发展方法取向。听评课的基本形式是教研人员、教育管理者或教师同僚，以评价者的身份在课堂上观摩教学，对教师教学的全过程进行分析，并在课后对教师的教学展开研讨和评价，给出相应的建议。作为一项传统的课堂研究和评价方式，听评课在基础教育中的应用非常广泛，对我国教师专业发展和教学能力的提高起到了积极作用。但同时，听评课也面临着瓶颈，常常被诟病，如"真正的一线教师关注听评课研究的非常稀少""缺乏深入具体学科层面的理论建构和实践探索"[2]"教育实践运用取向缺失""整体上还原课堂缺失"[3]。

如果从整校发展的角度考量课例研究与校本研修、听评课的关联，我们可以更进一步界定：课例研究是校本研修的核心。校本研修所聚焦的本

---

[1] 戚业国. 校本研修的制度性困惑与机制创新 [J]. 教师教育研究，2013（5）：67-71.
[2] 方洁. 我国听评课研究二十年：回顾与反思 [J]. 西北师大学报（社会科学版），2014（3）：104-108.
[3] 杨玉东. 对"课堂观察"的回顾、反思与建构 [J]. 上海教育科研，2011（11）：17-20.

校资源或问题，来自课例研究对本校真实情境的持续性收集、整理和分析。其涵括的其他专业发展的活动，如共同阅读、外出研修，大部分也围绕课例研究中所发现的核心问题而开展，形成了紧密的支撑体系。另外，本校发展中所设计、实施的方案，一般也都需要课例研究对其进行不断检视和修正。同时，课例研究对学校内教育活动、学生发展、教师发展及其有关制度的反思，还为师生高品质发展和学校发展提供了创新思路（见图2.1）。听评课作为校本研修中最为活跃的教师研究活动，正在不断被专业化、系统化、常规化的课例研究优化或替换。

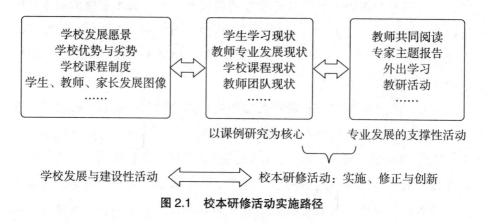

图 2.1 校本研修活动实施路径

课堂观察作为课例研究的方法：作用与问题

课例研究聚焦课堂情境，因此对课堂情境的观察和分析也逐渐被重视。课堂观察旨在收集课堂中发生的事件及其细节，比如教学行为、学习行为、师生互动等具体的事实内容，并基于这些情境性事实开展分析。随着观察工具的多样化，教师有了参与课堂研究的具体方法，课例研究作为日常研究方法得以运用。然而，当前课堂观察作为课例研究的一种方法，在实践发展中也遭遇到以下问题。

问题一：课堂观察作为听评课的修正性方案，难以突破"评价"困境。

当前的课堂观察往往是将课堂的事实性细节进行规整和数据化，运用具体数据进行课堂分析与评价。这类观察表面上构建了分析框架，形成了规范化、系统化的操作工具，然而其实质目标在于对听评课进行修正和补充，使其走向规范化。听评课具有教师评价的功能和传统，这类基于"观摩—评价"的管控范式，往往导致教师们不敢上公开课。陈向明等指出，"他们（教师）的经验在'贬值'，在传统听评课中天然具有的评判权和决策权也会受到削弱"[1]。这种实践性知识贬值的过程中，还往往伴随着教师对教研活动的抵触、走过场和旁观者心态，这也就解释了为何一线学校难以形成教师合作精神。这些问题的解决都迫切需要"超越'观摩—评价—建议'的'听课''评课'范式"[2]，走向"观察—反思"的平等范式。

问题二：泛化的定量观察指标难以把握教学情境的关键要素与线索。

当前的课堂观察往往重在设计、开发各类观察维度，收集数据指标，并将其作为课堂评价的事实或量化依据。全景式观察的数据收集和分析难度较高，需要专业训练才能操作，因此必须设定细化的指标，而且要具备量化分析的能力。教师要投入大量的时间设计观察量表和指标，比如学生举手次数、男女生发言比例，等等。观察指标的不断丰富和细化，导致指标的泛化。对一节课堂而言，很难说哪种指标最具有解释力，更不要说不同指标之间是如何相互正向或负向影响的，以及如何通过改变指标数据来改进教学。因此，教师往往在课堂观察中以指标框架为核心，收集大量数据，却难以对其进行有针对性的辨析，难以运用这些数据去解释现象、发现问题，从而陷入"数据困惑"之中。

问题三：对教师教学技术策略的单向分析难以解释复杂的课堂脉络。

课堂观察依赖具体、完整的教学情境分析，着重实践性问题研究。课堂研究中，长期以来沿袭"教师教法技术研究必然带来学生学习能力与成绩提升"的因果关系思路，强调对教师教学技术策略的评价分析，以实现

---

[1] 杨帆，陈向明. 集体审议与课堂变革：教师群体的话语协商 [J]. 教育发展研究，2014（15-16）：28-34.
[2] 陈静静. 佐藤学"学习共同体"教育改革方案与启示 [J]. 全球教育展望，2018（6）：78-88.

有效教学。但实际上，教学效果以及学生学习效果的影响因素是多元而复杂的，只有对教室内复杂的生态关系与学生的学习风格、学习状态和学习效果进行具体化、脉络化的研究，才能真正起到提升学生学习能力的作用。这就需要对课堂观察的具体方法进行优化和重构。

焦点学生学习历程观察：收集个体学生学习完整证据链

在课例研究过程中，要深切理解课堂，首先要建立以学生的学习为中心的立场，只有确立这一立场，才能不被纷繁复杂的课堂表象所困惑。课堂的核心价值就在于让学生真实而深度地学习，因此课堂观察的重点应该是学生完整的学习历程，而教师教学策略的适切性、课堂物理和心理环境的适切性等都会通过学生的学习过程真实地反映出来。这需要教师和研究者去收集学生在课堂学习中真实的证据。因此，课例研究协助教师不再单独地追求技术的熟练，而是深入日常教学中，开展教育现场的常态化实证研究，寻找最适合特定学生的教育策略。这种研究需要教师以学生学习为对象，收集学习的事实案例，形成对学习的完整分析证据链，并据此深入理解学生的学习逻辑，开展对原有教学框架的深刻反思。我们将这一套范式称为焦点学生学习历程观察与关键事件分析。

一、观察对象：从教师转向学生，从全体学生走向焦点学生

基于焦点学生学习历程的观察，从观摩教师的教学行为转向观察学生的学习事实。教师或观课者不再是坐在教室后面观察教师的教学技术和教学行为，而是以"学的专家"形象出现，以一个焦点学生或一组焦点学生为中心，全身心地聆听学生，积累学习证据，描摹学习历程，并以课堂中学生的学习事实对自我的教育立场与哲学、教学策略与方法等进行深刻反思。

观察者不必观察所有的学生，而是要聚焦个体学生的学习过程。只有

聚焦具体学生，我们才能够看到课堂生态中最细节的学习真相，才可以深刻理解学生是如何学习的这一核心问题——学生对所学内容的兴趣如何、困难在哪里，学生是如何应对教师和同伴的，他们在课堂上的独特话语和表达代表何种意义等。打开了学生学习的黑匣子，也就触摸到了课堂教学的核心秘密。

二、观察方法：从量化分析转向自然观察

当课堂观察的焦点从教师转向学生，研究方法也要随之转型。教师无须采用结构化的量表设计观察指标采集特定的观察数据，而是以自己的眼睛现场观察学生的学习行为，借助具体的学习事实，了解学生的学习经验、相互学习的关系等。由此，教师不断深入研究课堂内意义与关系的脉络，并开展描述性论述。

在课堂观察过程中，教师以陪伴者的姿态出现，不打扰学生的学习过程，充分尊重和保护学生，让学生自然而然地学习。学生身上所发生的任何学习事实或行为，都是我们的第一手研究资料。教师全身心聚焦在学生身上，并不断在内心与客观的学习过程对话，得以充分卷入教育现场研究。观察者所收集的证据都是真实发生在焦点学生身上的，是真实的学习历程、完整的学习证据。这种自然状态的观察体现了以人为本的宗旨。它转变了证据的收集方法，即从对学生群体的碎片化证据收集转向对焦点学生完整证据的深度挖掘和梳理，这对真正理解学生的学习是大有裨益的。

三、信息收集：根据时间轴全面收集学习信息

要对焦点学生的学习事实进行分析，必须对焦点学生进行持续性观察。因此，从学生进入课堂到离开课堂，我们都可以进行观察和记录，并且根据时间进程，依次记录下学生的学习表现。尤其是焦点学生学习过程中令观察者印象非常深刻、触发自身反思的事件，要仔仔细细记录下具体

时间和他们的学习表现。在课后交流中，全体观察者共同交流某一时间段不同学生的具体情况，并且能够把这些事实串联起来做分析。同时，我们要记录学生具体的学习表现，包括焦点学生的语言、动作、表情、互动、对话，学习任务的完成程度以及状态的变化过程，可以以关键字的方式加以记录，也可以以照片或是录像的方式记录，作为课后分析和研究的有效证据。

四、分析重构：抓取关键事件，解析重构课堂

在课堂观察中，观察者要与所观察的学生同呼吸、共命运，沉浸于学生学习过程的情境，同时具备对关键事件的敏感性，根据情境的进展，迅速捕捉关键信息和关键事件。这对教师的专业判断力提出了很高的要求。因此，教师必须持续磨炼自己的专业观察能力——对焦点学生学习历程中的关键事实进行分析和反思。这些关键事件串联起了整个学习历程，用以对关键事件进行解释和补充。由此，我们得以从一个焦点学生或一组焦点学生的学习事实出发，重新解构课堂的发生过程和对话样态，并以此引领课堂的改进与变革。

创设关键事件，引发主体性反思

在课堂中，反复跌宕的微观事件构筑了课堂中的社会世界。大卫·特里普（David Tripp）在教师教育和成长中引入"教学中的关键事件"（Critical Incidents in Teaching）概念。他指出："对所观察到的现象的描述和记录，构建一个'事件'，其次对'事件'进行'分析''解释'，共同形成了一个'关键事件'。这一关键事件的创建过程将事件视作在广阔的、日常的社会语境中的一个典型案例。"[1] 然而，何种典型事件能够被解释为关键事

---

[1] David Tripp.Critical Incidents in Teaching: Developing Professional Judgment（classic edition）[M]. London: Routledge, 1993: 21-25.

件，在具体实践中，其标准其实极为复杂，这涉及观察者的专业判断力，以及对教学现场发生的事件进行即时性理解、分析、选择和评估的能力。因此，从本质上看，关键事件的选择与判断是与观察者的立场和判断密切相关的。

一、学生学习历程的关键事件概念

要剖析具体学生的学习历程和学习逻辑，并能够依据学习历程来转变教学策略和方法，我们的研究重心必须转移到学生学习历程中的关键事件——在完整而连续的学习历程中对学习事实有重大阐释和表征作用的事件。当学习过程中的某些事件引起学生学习的重大变化时，在客观的学习活动链条中，这个事件的关键性就成立了。同时，教师的专业判断力也能借助情境事实确认这一事件的重要性，对关键事情的判断就顺利形成了主客观的统一。这些关键事件表征的不再是宏观的、满足理论阐释偏好的个体事件，而是表征微观的、满足实证需求的证据链事件。

二、关键事件特征

在课堂学习历程中，学生经历着课堂的时间与空间两个要素。在空间中，学生的学习总是与其他四个方面发生着互动，即同学者（学伴）、教师、教材（包括学习文本、学具、课程等各类媒介）、环境（空间物理环境及由前三者构建的心理环境）。这四个要素在每一个学生身上产生的影响，犹如一座冰山，在教室中不断浮现独特的样态。这些样态反映着学习的部分表象。学生与四个要素之间保持的或强或弱的网状联系，迫使我们去寻找个体学习的整体状况。每一次发生的关键事件，与他人、与环境、与自我等保持着持续的因果关联。由此，在课堂空间内，随着时间的流变，学生学习的历程如积雪般不断积累，学习关键事件交织纵横，呈现出了奇妙的关联性。班级中的学习事实整体上呈现出立体网状的复杂结构

（见图 2.2）。能让学习分析真正落实下去的可行办法，就是从庞杂的数据中剔除围绕事件的因果性，进行深入、综合的分析。

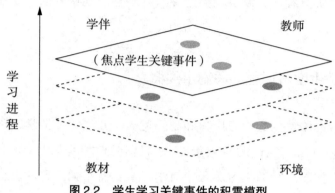

图 2.2　学生学习关键事件的积雪模型

基于大量的课堂实践，笔者从五个方面归纳并界定学习历程中关键事件的若干特征。

（一）表征学生逻辑

改进学习品质的最大困难在于让学生的学习历程持续引领教师教学设计历程，让学生的学习逻辑整合优化学科逻辑。关键事件恰恰是用来突破这一困境的办法。关键事件的背后是学生的"理解世界"，即学生的理解层次、理解方式、学习行为、班级文化、教师教学历程的复杂关系的具体呈现。理解关键事件，寻找事件之间的脉络关系，就找到了促进学生高品质发展和教师自我提升的方向。

（二）即时突然发生

关键事件往往出乎学生和教师的预料，发源于学生的真实感受与反应，是学习活动的真实发生之处。这种即时性的背后是学生天生的冲动、情绪、智慧的表达。在学习过程中，学生的身心状态都在与外界进行频繁接触并做出反馈。这种在主动思考或潜意识下出现的学生行为，是即时呈现在课堂中的。当我们看到学生身上即时突然发生的事件时，便意识到学生渴望回应周遭的刺激,并寻求他自身的表达方式。

(三)指向具体情境

任何关键事件都无法脱离具体情境来剖析。分析关键事件的目标,一是解决本班学生的学习困境与教学实践,提供满足他们需求与学习兴趣的学习设计;二是不断积累关于学生学习特点的认识,丰富教师的实践知识。结合关键事件的情境对学生学习历程进行深刻剖析,使观察者从整体的学生概念中跳脱出来,亲眼见证真实的学生学习。关键事件在课堂上产生,所有描述都以学生和教师的第一人称展开,还原真实场景,阐明直接体验。观察者对学习情境的描述不受传统理论术语框架的限制,可以帮助他们拓展自身专业话语的新空间。

(四)因果关联复杂

在关键事件的积雪模型中,我们可以清楚地看到,课堂中的教学并非线性的,而是在复杂环境中同时有多种关系、多种事件相互影响、相互串联。因此,关键事件虽然仅仅是学生学习的部分表象,但却能带给我们一个突破口,帮助我们追踪循迹,分析其背后复杂而多元的原因,并且找到其中的主要原因、主要矛盾,进而破解学习发生转折的奥秘。

(五)个性共性并存

关键事件往往出现并成立于任何教室的周遭,但却经常隐藏在课堂的表面。教师难以了解学生学习的真实困难在哪里,学生的学习兴趣、经验积累到何种程度。如果教师或研究者到学生身边开展观察,个体学习的全部历程便清楚地呈现在教师的视野之下。发现越多的关键事件,就能求证越多的学习发生的关键机制和对策。单一学生的学习关键事件,尽管有其鲜明的个性,然而在课堂中,学生的个性与社会互动紧密连接。这种社会互动(社会性)对所有儿童而言都是同时存在的。因此,一旦出现关键事件,其背后必然有个性与共性并存的原因。

三、学生学习中关键事件的常见类型

关键事件的形式既可以是静态无声的，比如文字记载阐述、题目解答、绘图、表情或身姿体态；也可以表现为有声有形的，比如同伴的互动、精彩观点的迸发、消极言论的暴露。将这些看似微小的事件放大之后，就可以去回顾学生在课堂中与各个要素之间多元复杂的因果关系。由于教师对学习历程若干困惑和实践认知的不足，他们往往无法抓住和抽取关键事件。经过长期的课堂观察实践，笔者提炼出了关键事件呈现的几种类型。

（一）学生在学习成果上发生重大转折的地方

它标志着学生放弃学习、陷入困境、突破若干步骤或获得成功。因此，我们需要仔细关注学生学习的困难之处，当场去研究困难的原因是什么，是否得到解决，挑战失败或成功的原因是什么等。对这样的重大转折进行研究，就是对教学中的迷思概念、学伴关系、学习经验等要素的研究。

（二）学生的学习兴趣和认知特点明显露出的事件，通常是奇趣、特异的观点、行为等

学习素养和品性特点是学生在过往的学习历程中不断被培育形成的。在开放、安全和深度的学习过程中，学生得以自由运用个人的素养能力，不断表现自己的学习特点、兴趣。因此，在课堂观察中，我们可以发现学生是否足够投入地学习，是否采用了有效的学习方法，是否提出了独特而精彩的观点，是否有超出预料的表现等明显露出的事件。这些具体情境包含学生的学习兴趣、认知能力、方法经验等核心要素，对其进行研究将为教师的学习设计与教学提供基本的保障。

（三）学生在学习过程中与其他要素互动，进而影响学习历程的明显事件

学生在学习过程中不断与世界、他人和自己对话。在具备正向或反向作用的互动对话中，学生的个性发展得到完善或阻碍。在这种社会生活中，学生的学习特点将爆发或放大，进而构成一类非常显著的影响个体学习甚至小组学习的事件。

四、对关键事件的主体性反思

当开展基于焦点学生学习历程的课堂观察时，我们基于事实，讲述这位学生学习中的关键事件，阐明自己的发现和自我反思。我们不对上课老师的方法简单做出好还是不好的评价，也不提意见和建议。教师依据学生的学习事实，对自己以往教学的立场、所经历的教学故事、自身的教育哲学观点进行深刻反思，与自我对话（见下页表2.1）。

因为可以基于具体的实践情境解决真实的问题，教师能逐渐体认实践性情境的价值，破除理论与实践的二元对立观点，如"理论指导实践""实践印证理论"等迷思，才能自觉使用反思实践行为取代评价或被评价的心态，将教学研究现场从"相互竞争各自的看法和思考方式、无限放大缺点"的场所，转向"支持授课者成长，透过具体学习事实讨论，促进参加者成长"的安心的场所[1]，从不平等、互相指责、基于资历和职级的支配关系转向相互学习、相互倾听、平等交流的润泽关系。最终，所有人共享课堂现场的研究成果，共同成长。

---

[1] 佐藤学.学习革命的愿景——学习共同体的设计与实践[M].黄郁伦，译.台北：天下文化出版股份有限公司，2014：241.

表 2.1　焦点学生学习历程观察与关键事件记录表（参考）

学科课题：　　　　　　　　　　　　**执教教师：**
焦点学生（1 人或 1 组）：　　　　　**观察教师：**

关键事件记录：发生的、令人印象非常深刻的事情，促使观察者进行自我反思的重要事件。可以使用影像、图片等方式记录关键事件的发生过程，用关键词记录具体思考或特点。

时间轴（注意记录学生发展变化的具体时间）	关键事件与具体证据（包括身体姿态、语言、动作、表情、互动或对话、学习单的填写及其变化过程）	观察者的反思（关键词记录）	初次观察重点（参考）
			学生心理是否安全，是否能够持续地安心学习，讲话轻声细语；
			学生是否能够投入学习，是否采用了有效的学习方法，是否有独特而精彩观点，有超出预料的表现等；
			学生的学习困难之处，困难的原因是什么，是否得到解决等；
			学生之间是否相互尊重、相互倾听、相互帮助等；
			学生在学习过程中生成了哪些学习成果，如何来分析这些学习成果。

从学生关键事件出发重构课堂

现有的教学设计取向通常呈现教师"教的历程"，学生的学习历程与教的历程脱节了——尤其是在对学科本质的理解上。教师对学科逻辑的理解在学习单中递进融合，但学生的学习逻辑却无法顺利呼应到学科逻辑。教的历程与学的历程、学科逻辑与学习逻辑的偏离让我们看到，要真正促进学习的发生，只有认认真真俯下身子倾听每个孩子，以他们的学习历程来反思我们的教育立场，以他们的学习逻辑来引领我们的学科逻辑，才真正能够走上一条公平而有质量的课堂改革之路。学生学习历程暴露的大量关键事件中，三类关键事件类型都为我们指明了优化学习设计的方向。

一、学生的学习困难之处

学生的学习困难或学习突破存在不同的原因，它们往往体现了对学科本质概念的迷思或对文本内容的认知冲突。依据课堂观察，我们能够不断了解学生的学习困难和成因，进一步筛选出具备核心价值的问题或任务，也可以基于学生突破困境的过程，优化和复制学生采取的策略。由此，我们才能有针对性地让学生进行深度学习，尽力排除掉事关学科本质的学习困难。学习设计与学习任务在围绕学科本质的前提下，变得指向明确，由此，学生才可以在关键处进行充分独立的学习和交流。

二、学生的学习需求有待满足之处

学生在学习中，一种情形是伴随着学习力的提升，不断突破自己的认知局限，丰富自我观点。这对教师提出了非常高的要求，即教师要随时关注学生的学习经验积累程度，在学生从已知的内容迈往未知的世界过程中，寻找到学生进一步成长和思考的可能方向，感受不同学生自我挑战、自我突破的需求。这种朝向卓越发展的内在动机和实际需求，就是我们在学习设计中必须加入的挑战性课题。另一情形则是，学生持续而专注地学习，却发现进入课堂前与课堂结束后，所掌握的知识内容差别不大，即学生不断重复已知的内容。这类浅表学习的课堂，更需要我们结合学生的具体表现，为学生高阶思维能力的培养做好设计。挑战性问题的设计要从学生在学习历程中所展现的学习兴趣、认知特点出发，从聆听他们的精彩观点与观察他们的学习行为中找到突破。

三、学习设计的优化：协同反思重构

学习设计不仅是问题设计，而且是对整个学习过程的设计。积雪模型中，学生、教师、教材（课程）和环境这四大要素就是整个学习过程的要素。这些学习要素多元搭配，可以进一步形成具体的学习设计优化发展方向，即统领和观照现实问题的若干论题方向。其中有一部分，可以融入到具体的学习单或任务中，比如构建倾听关系的方法、学科的学习方法、协同学习方法、独立学习方法等。另一部分要落实在日常的班级文化建设与班主任工作中，以及教师的个人专业发展之上。

基于课堂观察，对关键事件的要素互动进行解读，是我们将学习设计从单一的问题设计拓展到整体设计的依据。比如，课例研究中教师与焦点学生之间的某类互动成为学生的关键事件，这便引发了我们去反思教师与学生间的关联。在这种关联下，可以依据具体学习故事，进行细化反思。比如，教师如何影响学生发展？这样的干预如何变成常态策略？再比如，基于学生与同伴互动故事的反思，又可能细化为学生与学生的倾听关系问题、小组组建问题、话语权与学习权平衡等议题。

以焦点学生学习历程为中心的课堂观察和关键事件分析，构建了"观察—反思"取向下的教育研究范式，以培养反思型的优质教师为主要方向。所有教师的持续成长都是以教学现场的事实为依据，反观自身的教育立场、教学方式、课程设计专业性等要素，实现自我超越。以反思取向取代评价取向后，教师之间形成了"观察—反思"的平等专业交流氛围，基于资历、年龄等建构的"权力—评价"中心体系被瓦解，教师的个性得以培育，实践性认知逐渐丰富，最后校内课堂的特性与多样性得以实现。因为对学生的学习规律充分了解，教师也能够提供符合学生高品质发展需求的学习设计与环境，进一步保障学习品质的提升。一旦我们确立了这一立场，发展道路便将愈加明确和通畅。

课例研究的成果表达：将日常教学实践变成研究成果

在长期与一线教师进行共同研究和实践的过程中，我们深切体会到教师在教学实践中所付出的努力。教育政策的真正落地和美好教育愿景的实现无不仰赖教师去践行、去反思、去改进。可以说，一线教师是教学实践与教学研究的主力军，教育教学实践给了教师们施展能力的巨大空间，但事实上，能走上研究这条道路的教师凤毛麟角。当前教育改革需要教师的广泛参与，特别是需要教师转变教育教学观念，以改革者的身份去担当重任。要让教师自觉地进行教育改革实践，而且还要将这些实践成果在更大的范围内推广，让改革的声音成为教育现场的主旋律，必须让教师发出自己真实的声音，让积极进行教育改革的教师发出最强音。这就意味着教师不再是"教书匠"或者"单纯的实践者"，而是能够在实践和理论话语中自由穿行和转换的"教与学的专家"。

教师在研究成果表达上的话语弱势：实践的"琐碎"与表达的困境

教师是实践中真正的主人，但却很难以"实践主人"的角色来进行教育教学研究，更难以形成具有一定影响力的研究成果。教师在研究成果的表达上一直处于话语弱势的状态。究其原因，主要有如下几点：一是很多教师处在比较封闭的环境之中，与外界接触较少，对国家的教育改革政策不了解、不敏感，所以长期处于自我重复之中，他们的实践长期在原地打转，缺少突破现状的条件和机会。二是有些教师虽然通过自己的积极学习和长期探索，尝试改变教育教学实践，也取得了一些成果，但因为缺少理论的支持和长期的生涯发展规划，其改革实践难以持续深化，只能浅尝辄止，甚至可能因为缺少外在环境的支持而退回到传统的实践中去。三是教师虽然很擅长实践中的话语表达，但对于理论的话语是比较陌生的，存在明显的距离感。教师们在自己的课堂里虽然驾轻就熟，但实践成果却常被湮没在日复一日的实践中，以隐性知识的方式留存在教师的头脑和行动中，很难转变成可以"为外人道"的研究成果，甚至教师自身都不认为自己的实践是有价值的，是蕴含着研究意义和研究成果的。四是由于工作性质的关系，教师的多数时间往往都扑在琐碎的、日常的教育教学中，很难抽出大块时间进行理论研究或者阅读专业书籍，更难以熟练地用理论话语表达自己的实践和研究成果，专业写作、论文发表、专著出版、课题申请等，对多数教师来说都是比较奢侈的。教师虽然非常羡慕，也希望能够去追求，但根本上说，应对日常的工作和做研究本身仿佛隔着"楚河汉界"，难以逾越，只能"望洋兴叹"。

很多教师反映，做研究，特别是进行专业写作是极为困难的事情。他们的困难主要集中在以下方面：一是不知道写什么，教师每天的工作好像都是重复性的，波澜不惊，没什么好写的。二是不知道怎么写，觉得自己写的东西都是"流水账"，根本算不上文章，更算不上论文，不知道这些内容写出来是不是有价值。如果没有价值的话，自己付出很多时间去写作是不是就浪费了呢？三是不知道怎样才能写得深入，看到其他人发表的论文表达都是非常严谨的，而且有理论作为支撑。这样的文章虽然比较难懂，但让读者心生敬畏，而自己不知道应该用什么样的理论来支持自己的观点，就算找到了一些理论，总觉得自己写的东西和理论之间是"两层皮"，放在一起比较牵强。四是写了文章以后不知道后面要怎样做。有的老师写文章就是为了评职称，所以会想办法去投稿，而有的老师写文章是自娱自乐，文章写好了就放在电脑中，偶然打开电脑，看到里面密密麻麻的文字，不觉有些骄傲，原来自己当年写了那么多东西，然后又不觉有些失落，虽然写了那么多，可是对自己来说，这些文字意味着什么呢？这些文字对其他人有价值吗？在我写这篇文章的时候，恰逢有老师将他平时写的一些文章发给我，这位老师已经退休，身体不好，很想发几篇文章作为人生纪念。对于多数教师来说，发表的文章就如同勋章一样，可以证明自己奋斗过的青春岁月和不悔奉献过的三尺讲台。

让教学实践成为研究成果：找到最合适的表达方式

教师虽然进行了大量的教学实践，而且很多教学实践是有开创性的、卓有成效的，一次次被实践证明的。这些实践应该成为研究成果，得到认可和推广。但教师在研究成果的表达方面遇到了明显的困境，可以说是教师专业成长中的"拦路虎"。一方面，我们要改变教育理论话语的表达方式，避免让教育理论成为"高硬之地"，让教师望而生畏，而是让教师感觉到舒适、亲切、乐于尝试；另一方面，可以找到一种比较适合教师的话语表达，既能很好地表达自己在实践中的所思、所行，又能得到更大范围的认可。找到适合自己的成果表达方式，这是至关重要的。对于教师们来说，做研究的目的是改进和创新实践，所以行动研究或者课例研究是最好的研究方式，在自己或者他人的课堂中发现值得研究的问题，然后去分析和解决，不断用行动去改变现状，自我突破，用文字来记录问题解决的过程，就是最有价值的研究成果。因为在实践这个领域，教师的视角和行动是无可替代的，其成果也具有独一无二的价值。因此，教师不必去追求理论研究的成果表达，而应该用最擅长、最舒服的语言去表达自己的"真实发现"或者是用你的笔"写出你的故事"。没有写出的故事将变成回忆，在岁月的风尘中逐渐褪色、湮没；而那些写出来的故事，将成为每个人生命中不可磨灭的珍藏，成为"隐性"的成果，温暖或者告诫自己，让自己有前行的动力和勇气。那些发表或者出版的故事，能够被更多人读到，成为"显性的成果"。这些故事可能会打动或者影响他人，可能激励他人成为更好的自己，这对教师来说是另一种"传道、授业、解惑"。如果能够笔耕不辍，不断地将自己的故事讲出来，就会让我们在不断输出的过程中，强化自己的读书、思考、研究和实践。这就是普通教师蜕变为专家的必由之路。

对于教师来说，做研究最好的田野是课堂，而最好的研究方法莫过于行动研究或者课例研究。如果从学术的角度来看，行动研究和课例研究的要求是比较高的。对教师来说，做严格意义上的行动研究和课例研究不太容易，但我们可以借鉴其研究理念和方法，将课堂中的真实案例以及真实的课堂实践过程作为研究对象，其目的是不断改良自己的日常实践或者进行课堂教学变革。教师日常与学生接触、交流、备课、上课、观课、教研等，看似是常规性活动，本来就需要花时间去做，如果做的过程中能够用有效的方法去指导，对过程进行详细记录，就会有所感悟、有所发现。这些都将是教师研究的重要方式，而且非常可能转化为研究成果。

最近几年，和我们共同进行研究的教师发表和出版了大量的研究成果，相关教师出版的专著就有十本之多，如郑艳红老师的《最美的姿态是倾听——语文课堂转型》、程春雨老师的《研究型教师的成长力量》、刘学民老师的《走进学习共同体：教育的行动、理解与创造》等。团队的教师们每年都有百篇以上的论文发表，很多教师申请到省市级的课题。如此多研究成果的产生不是偶然事件，而是长期用研究的思路进行改革实践的必然结果。这些教师都是从自己真实的课堂出发，将自己的课堂变成研究的田野，将课堂中的发现、行动和思考记录下来，逐渐掌握了在实践中做研究的方法，再加上理论的加持，逐渐变成了具有研究能力的"反思性实践者"。

让教师真正成为"教与学的专家"：将研究作为专业成长的阶梯

对教师来说，最为宝贵的研究视角有三类，这三类视角都是基于课堂教学实践，而写作的灵感都是来自教学现场。第一类是执教者视角，第二类是观察者视角，第三类是班级管理者视角，这三种视角能够比较全面地反映教师工作的主要方面和特征。

一、执教者视角：把上课的过程作为研究切入点

从执教者的视角来看，备课、上课、教学反思与改进都是日常教学的常规性工作。如果按部就班地去做，课堂教学的效果就难以得到保证，特别是在遇到新的需求或出现新情况时，教师很可能难以应对。如新课标对教师教学有新的要求，学情发生了比较大的转变，教学内容不太熟悉或者需要参加教学大赛等展示活动时，常态性的教学实践势必遇到前所未有的挑战，这时，用新的方法突破原有的实践方式就会成为"刚需"，而此时也是课例研究的最好时机。

课例研究最初的起点就是对自己课堂中问题的发现，并通过观察、分析、研讨、反思、改进的过程来推动新的教学实践，对课堂进行渐进性变革。教师可以对自己备课、上课和改进的过程进行全流程的记录，包括视频、音频、文字资料的保存和整理过程。即使没有理论的支撑，教师的实践也是在不断推进的。

我们可以把执教的过程分成多个流程。一是对学科逻辑的把握——对课程标准（或学科核心素养）的解读，对教材的分析，包括大概念的抽取、单元目标的确定、教材内容的衔接等；二是对学情逻辑的分析——本学段的学生特征，本班学生学习的共性和个性特征，学生对本课内容的学习准备状态，以及可能遭遇困境的预期。

基于对学科逻辑和学情逻辑的把握，进行学习设计（或称为教学设计）：核心的教学（学习）目标、知识的模块、问题的设计、任务的呈现、评价方式的选择等，都要进行详细阐释，从而形成学习设计的框架，也就是课堂教学的"蓝图"。

学习设计（或教学设计）做好以后就是教学实施。教师可以根据自己

的课堂来介绍每个模块是如何实施的、学生的反应如何等,也可以用课堂中关键事件的方式进行记录,最好能够有音频和视频资料的支持,这样获得的信息更加翔实和准确。

最后是反思与改进。教师在教学实施过程中会发现教学设计存在的问题。特别是预设和生成之间形成的落差、学生课堂中提出的一些疑惑和困难等,都会让执教教师产生强烈的自我反思。如果此过程中有教师同伴参与共同研讨,教师的反思会更加全面和深刻。此时,在自我反思的基础上进行教学的持续改进,把一节课或几节课连续记录下来,就是非常好的课例研究成果。

在课例研究的过程中,教师会发现有些教学问题是持续出现的,或是总出现在自己的课堂上,或是同样普遍存在于其他教师的课堂之中,或者存在于教师之间的交谈和讨论中,这些就是真实的问题。多数情况下,这些问题会被掩盖或者偶尔被提起,但从来不曾真正解决。如果我们能够留心这些问题,并持续予以关注,尝试改进,这个过程就是准行动研究的过程。把一个或一组课例完整地记录下来是课例报告(教育叙事),如果将课例中出现的某些问题进行归纳和抽象,并尝试解决,借助某些理论来阐释,就可能形成论文。教师的课例报告与教育的理论论文之间并没有明显的界限,而且教师进行长期的课例研究,最可能成为实践问题的解决者。如果借助相关的理论指导,则最可能解决实践中的问题,成为真正的研究者,推动一线的教育教学变革。

二、观察者视角:用"蚂蚁之眼"捕捉学生学习的真实历程

在教研活动中进行学习是我国教师普遍经历的专业发展活动,很多地区的教师每周至少有一天参与校、区(县)、市等各级教研活动。虽然我们都知道教研活动是极为重要的,但是却不知道如何开展教研活动能够更有效地促进教师的反思和发展。教研活动是教师共同成长的沃土,如果能够有效利用教研活动的时间和空间,不但个体教师的成长会加快,整个团

队的专业能力也将有效提升。经过多年实践，我们发现：教师变身为观察者是快速突破实践瓶颈的有效方法。

说到观察员角色，很多人会想到听评课，这是校本教研普遍采用的方式。但传统的听评课往往聚焦在执教教师身上，而且是基于教师的实践经验进行听课和点评，缺少证据的支持，特别是学生学习证据的支持。因此，经验型的听评课往往只能算是经验总结，但如果转变观察视角，则可能产生新的研究成果。学习共同体团队采用的是前文所述"焦点学生完整学习历程的观察与关键事件分析"。观察员老师以课堂中的某个学生或某组学生作为观察对象，运用坐在学生身边近距离、自然观察的方式，对学生学习的完整过程进行观察、记录和分析。观察学生的表情、动作、语言、与他人的互动、学习成果等方面的内容，并对学生学习过程中所经历的关键事件进行分析，把课堂中学生学习的故事完整地讲述下来，并以"关键事件一""关键事件二"的方式将完整的故事切割成若干模块。整个故事的叙述是完整的，每个模块又可以突出不同的关键事件，在写作的过程中也会更加突出逻辑性。"讲出学生学习的完整故事"后，教师的每一次课堂观察都可以产生至少一篇观察报告。如果观察报告写得足够翔实，对读者来说有意义、有启发，就是一篇比较好的文章。在观察的过程中，观察员老师能够真切地看到学生真实的学习困境和需求，看到不同的教学方式对学生产生的不同影响，通过观察他人的课堂进行自我实践的反思，有效激发教师参与教育教学改革的动力。

如果教师保持观察的习惯，每学期进行10次以上的观察，对10位以上学生的学习过程进行分析，或者对某些学生的学习进行长期跟踪，会逐渐发现学生的学习规律，发现学生学习的类型或方法，也会促使教师从学生的立场去思考和设计课堂教学，开阔思路，进行自主的阅读和思考，寻求突破。在学生的典型的、共性的、系列化问题的刺激和启发下，教师会对自己的教学内容和效果产生更客观的评价，并愿意进行自我挑战和改进。这是教师专业成长的不竭动力。

在教研活动的过程中，如果校本研修的氛围比较好，教师之间形成了惺惺相惜、互相学习的共同体氛围，那么教师在做观察员的过程中不但可以向学生学习，还可以向教师同伴学习。每位教师观察一个或一组学生，一个教师团队则可以观察到全班多名学生的学习过程。通过交流、分享，教师团队可以迅速发现这个班级学生学习过程中存在的共性问题，而且分辨出哪些学生需要个别化指导等。观察员与执教教师之间平等地交流和对话，使教师们能够凝聚共同的力量来进行教学改进。如果执教教师能够很好地解决这些问题，并分享其解决方案，则可以让更多的教师受益，在学校内逐渐形成共同愿景。教师如果能够认真整理自己的观察内容，并结合其他教师的观察和分享的内容，其对学生学习过程的分析和对教学的反思会更加深刻，在共同体的氛围中，还可以将同伴的观察和研讨内容转变为共同的研究成果。

三、班级治理者视角：将研究变成重构班级生态的过程

教师是班级的灵魂人物，一个班级从行政班到团队需要经过长期的发展过程，每位教师都在其中起到关键作用。人们一般会认为，班主任是这个班级的主要治理者，班级生态的建设是班主任的责任，但事实并非如此。虽然班主任与班级学生接触的机会比较多，但教师既是作为个体，也是作为群体出现在学生们面前。每一位教师的教育教学理念、气质风采、教学风格、师生关系等都会对学生产生深刻的影响。从这个意义上说，每一位教师都具有治理班级的责任。

其实，班级治理的过程也是行动研究的重要领域，会产生大量的研究成果。班级是师生共同生活、成长的场域，会发生大量的教育事件，其中包含着许多教育契机。教师如果能够将班级治理作为育人的重要方式，就可以发挥教育智慧，不断优化和改进班级环境、师生关系和生生关系等，从而让学生更安心、更投入地学习。

就班级环境而言，为了让师生在班级中的生活更舒适，教师往往会根据自己的喜好和教育理念做出一些改变。如在班级里养几盆鲜花，开辟一

个读书角，放一个公共的书橱，墙上贴一些班级公约或者学生作品，给书桌铺上桌布，在墙上挂名言、字画，等等，目的就是营造一种温馨、宁静、友好、爱读书的氛围。班级的环境对学生们具有心理暗示的重要作用。通过跟踪观察，我们发现优秀的教师都非常重视环境的育人功能。环境的布置也往往体现了教师的教育教学理念，代表了班级的愿景和共识。教师如果能将自己的教育理念和班级环境的营造联系在一起，将自己班级环境的变化过程写出来，并将其与自身对教育的理解、学生的进步联系起来，把这个班级环境变化的故事讲清楚、说明白，就可以形成对其他教师有用的借鉴。

就班级人际关系而言，师生从陌生到熟悉，再到朝夕相处，这个过程中会伴随人际关系的微妙变化。师生之间、生生之间会有不断变化的情感线索，这些情感线索彼此交织，形成复杂的人际关系网络。教师也会将自己的班级治理理念一点点传递给学生。学生既会接收教师的信息，也会作出一些反馈，师生在互动当中不断调整彼此的关系。比较顺利的话，师生之间会经历从不熟悉到熟悉，再到适应、互敬互爱的良性循环，但也极有可能出现从熟悉到控制、不适应、反抗的消极状态。生生之间的关系则更为复杂，但总体上会呈现出某种发展趋势。无论是哪种情况，教师都可以就此进行深入反思：教师和学生的关系是如何一步步走到目前的状态的，经历了哪些对彼此影响较大的关键事件？将这些关键事件记录下来，就是在叙述"班级发展史"。与学生共同追溯这段历史，则可以让团队中的每个成员自我调整，让班级进入更好的状态。与教师同伴共同反思这段历程，将会为教师未来的带班育人带来启发或警示。因此，对教师们来讲，"班级发展史"的记录和描述是非常重要的研究成果。

就个体学生而言，每个学生成长都有其独特的轨迹，每个学生独特的个性特征、学习方式等对教师来说都是重要的研究素材。如果能够将个体学生的日常在校生活表现与课堂中学生学习历程分析相结合，则可以构建学生的学校成长档案。如果能够结合学生在家庭中的表现，则可以进行

"学生个人生活史"的研究。研究学生个体的发展过程，结合学生成长的关键事件分析、关键人物分析，从中发掘学生成长和学习的奥秘，揭开学生成长的黑匣子，收集学生学习和生活中的各种资料与证据，把学生成长的故事讲出来，就是探索儿童成长奥秘的过程，教育的规律就蕴含其中。在具体的写作过程中，从个体学生的成长个案分析，到一类学生成长规律的抽取，再到教育方法和理念的萃取，这样的方式最符合教师的思维特点和工作特征。

在专业写作的过程中，教师们可以采用以下写作框架：首先是根据本课例（案例）最显著的特征确定主题（或题目）。然后，描述关于学生、班级、课例的完整过程。其中可能会包含大量细节，为了进一步厘清逻辑线索，最好的方法是抽取"关键事件"进行介绍，班级发展史、学生个人成长史、学生完整学习历程中都会有"关键事件"。我们可以聚焦"关键事件"进行讲述和分析，既突出重点，又不失完整。最后对"关键事件"进行总结和提炼，其最终目标指向本课例（案例）的主题，从而提出自己的看法、主张、建议和警示等。这样的专业写作就是教师讲出自己所经历的"故事"的过程，包括班级的故事、学生的故事、自己的故事等，从生活经验和专业实践开始进行专业写作是最好的方式。最为关键的是找到自己最舒服的表达，不必拘泥于形式。只有自己最想写的、最想说的，如鲠在喉不吐不快的，才是我们专业写作最可能出彩的，也是教师的故事中最可能激励自己和打动他人的。

如果教师不擅长写作的话，还可以采用"采访"的方式。这里可以是"自我采访"，也可以是他人来"采访"，形成一种互动和对话关系，有助于教师对这些故事的深入挖掘。通过提问和回答的过程，教师可以把故事讲得更加生动、透彻，将录音整理出来，就是一篇精彩的文章。一般来说，可以按顺序进行以下提问：

1. 今天你所讲述的这个学生（班级）有什么特殊之处？
2. 哪些事件最令人震撼，可以作为"关键事件"？

3. 从头到尾讲讲这些关键事件,突出其中的重点和细节。
4. 你从中受到了怎样的启发,引起了怎样的反思?

如果教师能够逐一回答这些问题,并及时记录下来,就可以不断产生"个案性"的成果。如果能够长时间关注某一种类型的课例或者个案,就可以根据他们的共性特征进行理论性探索。

最初,教师可能只是按部就班地去记录,而后,随着对科学的研究方法的掌握和对教育理论的深入理解,就可以逐渐进行准理论研究,并认可自己作为"教育改革者"和"实践性研究者"的身份。这样的教师不但会成为专家型的教师,也将成为中国教育改革的领航者。

课例研究的重点：学生学习成果分析

基于学生完整学习历程的观察与关键事件分析，我们可以看到每名学生复杂的学习过程，并根据学生学习过程进行自我的教学反思。如果我们在课堂中设计了学习任务，并指导学生参与到问题解决的过程中去，就能发现学生的学习成果是非常重要的证据，它可以帮助我们去理解和发现学生学习的困境和需求。通过对学生学习成果进行深入分析，我们就可以有效改进教学。

学习成果包括多个方面，学生认知、情感、行为等方面的变化和转变都可以称为学习成果。就认知方面而言，包括具体学科知识、学习方法和思考习惯等；情感方面可以包括对学科的情感、对师生或者学习同伴的情感等；行为方面的变化则更为具体，如表情、动作、语言等，既可以作为学生的学习历程，也可以称为学生的学习成果。具体体现学习成果的方式无疑就是学生对学习任务的解决过程和结果，特别是学生在学习单上所体现的学习结果。即使执教教师并没有清晰地观察学生的学习历程，但根据学习单反映的具体内容，仍然可以有效地分析某位学生对本课内容的理解和掌握情况。如果教师每一节课上都能对学习单进行回收和分析，就会非常了解真实的学情，并依据学生的具体情况进行教学改进或者个别指导。

在此，笔者分享一个学生学习成果分析案例。

"鸡兔同笼"是中国古代数学名题之一。大约1500年前，《孙子算经》

记载了这样的问题：今有雉兔同笼，上有三十五头，下有九十四足，问雉兔各几何？

  这个问题如果用一元二次方程来解决的话是极为方便的，但小学四年级的学生还不会使用方程，要让他们理解这个问题没有那么容易，老师往往会产生"该教的都教了，为什么学生就没有理解"的困惑。笔者曾经在上海、绍兴和银川的三所学校里对教师教学"鸡兔同笼"一课的过程进行过观察，发现虽然三地的学情不同，有些学生在上课之前就已经自学过"鸡兔同笼"问题的解法，但在记住解题套路和真正理解数学问题之间还存在比较明显的"鸿沟"。下面就结合银川教师的教学，来说一说对于学生学习成果的分析和发现。

  银川的这所学校是学习共同体的领航学校，一直在进行基于协同学习的课例研究。这所学校的教师进行了长期的实践探索，取得了一定的成果，也遇到一些瓶颈性问题。比如，数学老师就提出了"怎样才能了解学生是否听懂了、学会了"的问题。要回答这些问题，最根本的方法就是回到学生身边去，观察他们的学习历程，分析他们的学习成果。这是课堂教学的根本出发点和落脚点。

  上课前10分钟，笔者和老师们进入教室，整个班级都是四人一组围坐着。笔者选靠窗的第一组坐下来，边上坐着的是马瑞同学（男）[①]，他也是笔者进行观察的焦点学生，这个组的其他三位同学分别是杨子（男）、李含（女）和陈杰（男）。笔者和四位同学进行了简单的交流，然后集中精力关注马瑞的学习过程。由于四位同学之间关系比较密切，经常互动交流，所以笔者同时也关注了杨子和李含的学习过程和学习成果，并对这三位同学的学习成果进行了比较分析。

  上课伊始，张老师开门见山，用PPT的方式出示了"鸡兔同笼"的简化版本（探究新知）：笼子里有若干只鸡和兔。从上面数，有8个头，从下面数，有26条腿。鸡和兔各有几只？张老师给了3分钟时间，让同学们自

[①] 本书中出现的学生均为化名。

主思考,并在学习单上写下自己的想法,互相交流,找出同伴所用的方法。

学习成果 A：同一解法一以贯之,将变式练习变成套路流程

笔者所观察的马瑞,在学习单上把题目重新阅读了一遍,边读边用红笔在题目下面标注了一下,然后迅速地写出他的答案：

> 用假设法：假设 8 只都是鸡。
> 2×8=16（只）
> 26−16=10（只）
> 4−2=2（条）
> 10÷2=5（只）
> 8−5=3（只）
> 答：鸡有 3 只,兔有 5 只。

马瑞写好了答案,与同桌和周围小伙伴进行了 4 分钟的交流。杨子用的也是假设法,而李含用的是列表法,于是马瑞在"我从伙伴学到的"后面写了：表格法、画图（见图 2.3）。

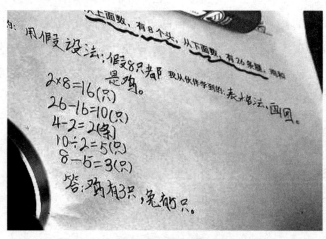

图 2.3　马瑞同学的"探究新知"学习单

其后，张老师请两位同学讲出自己的解题思路。两位同学都是采用假设法，其中一位"假设都是鸡"，另外一位"假设都是兔"，马瑞对自己的答案比较满意，既没有做任何修改，也没有将"假设都是兔"的答案补充上去。第一题马瑞没有遇到任何问题，很轻松地就解决了。

接下来进入下一个环节"挑战学习"。《孙子算经》中记载了一道数学趣题——"鸡兔同笼"问题：今有雉兔同笼，上有三十五头，下有九十四足，问雉兔各几何？为了防止同学们对古文题目不理解，教师在学习单上同时附有对这道题目的解释：笼子里有若干鸡和兔，从上面数，有35个头，从下面数，有94只脚，鸡和兔各有几只？（用你喜欢的方法独立解决这道题。）

看到这个题目，马瑞没有任何迟疑，迅速地在学习单上写出了答案：

全是鸡

$35 \times 2 = 70$（只）

$94 - 70 = 24$（只）

$4 - 2 = 2$（条）

$24 \div 2 = 12$（只）

$35 - 12 = 23$（只）

答：兔有 12 只，鸡有 32 只。（笔误，应为 23 只。）

在"挑战学习"环节，马瑞很快分辨出《孙子算经》中的问题与第一道题目的性质和类型是相同的，因此沿用了第一次的解决方案，即"假设全是鸡"的思路。对他来说，就是将题目中的数量进行相应变换，解法是完全相同的。因为在第一题中他已经确定自己的解题方法是正确的，因此，他只是将这个题目作为变式练习，换个数字再做一遍而已。他对这道题已经不像做第一道题那样谨慎，读题的时候并没有用红笔对题目进行勾画，"用假设法，假设全是鸡"也简化为"全是鸡"，在作答的时候，也由于疏忽，将"鸡有 23 只"错写成"鸡有 32 只"（见下页图 2.4）。

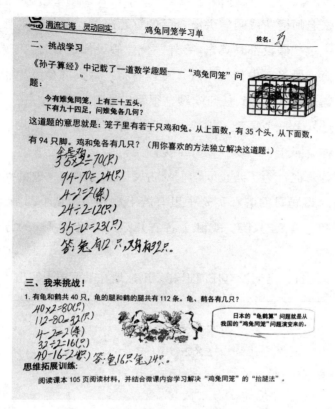

图 2.4 马瑞同学的"挑战学习"学习单

在公开发表环节，回答问题的过程中，有同学提到了"假设全是兔"的做法，并且详细地讲出了计算过程。同桌杨子还就"假设全是兔"的解法向同学进行提问，但马瑞都充耳不闻，没有进行任何修改和补充。他非常熟悉"假设全是鸡"的做法，并进入了相同的解题套路中，没有进行任何补充。

接下来是第三道题目"我来挑战"。学习单上呈现的题目是这样的：有龟和鹤共40只，龟的腿和鹤的腿共有112条。龟、鹤各有几只？（学习单附有对这个题目的解释：日本的"龟鹤算"问题就是从我国的"鸡兔同笼"问题演变来的。）

对于这个题目，马瑞几乎是不假思索，也没有和其他小伙伴进行任何交流，迅速地在学习单上列出了算式，并计算出答案。

$$40 \times 2 = 80（只）$$
$$112 - 80 = 32（只）$$
$$4 - 2 = 2（条）$$
$$32 \div 2 = 16（只）$$
$$40 - 16 = 24（只）$$

答：龟 16 只，兔 24 只。（笔误，应为"鹤"24 只。）

仔细分析这个计算过程，我们会发现，这次马瑞连"假设"也没有写，他完全是照搬第一题和第二题的计算方法。虽然没有写"假设"，但从计算过程中我们可以清晰地看出，其做法与"假设全是鹤"与"假设全是鸡"（两条腿）的情况如出一辙，已经成为一种模式化的套用，而没有进行更深刻的思考，也没有试图寻找其他的解决方案。将三个题目的解题过程相对比，三道题目的书写越来越不规范，解题方法没有变化，后面两次答题过程中都出现了明显的笔误。第二道题目的答句将"23 只"写成了"32 只"，而第三道题目的答句将"鹤 24 只"写成了"兔 24 只"。或许马瑞在答题的时候，脑子里出现的不是"龟鹤算"，而是"龟兔赛跑"的故事吧。不过对于这道题来说，"龟和兔都是四只脚"，与"龟鹤算"的问题是大相径庭的。

学习成果 B：新的解题方法模棱两可，多次出现错误仍不自知

李含就坐在马瑞的对面，两人经常会有一些低声的交流。李含的学习过程和成果，笔者也给予关注。在"探究新知"的题目中，李含读了题目后，用蓝笔把题目中的已知条件进行了标注。她是用直尺画的，说明她平时的学习习惯是比较好的，做事情也比较认真。

和马瑞有所不同的是，李含在读过题目之后，尝试采用列表法来解决。她首先假设鸡有 4 只，兔有 4 只，总腿数是 24 条，与题目中的 26 条

腿数目不符，于是她又假设鸡是 3 只，兔有 5 只，此时的腿数刚好是 26 条。从列表的过程来看，李含对于列表法还是比较娴熟的，她画的表格是 3 行 10 列，三行分别代表"鸡""兔"和"脚"，她是从 8 的一半 4 开始尝试的。当她算出"鸡是 4，兔是 4"的情况时，发现比 26 少 2，于是迅速尝试了"鸡是 3，兔是 5"的情况，发现结果与题目是相符的。对于这个题目，李含也是比较有信心的。她和其他三位同学交流后，发现其他人都是用假设法，于是她写了自己从伙伴那里学到了"画图法、假设法"（见图 2.5）。

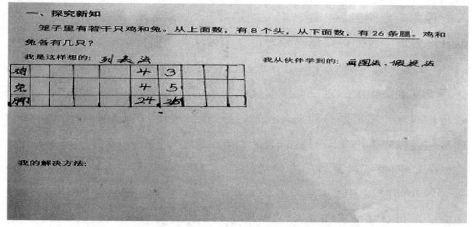

图 2.5 李含同学的"探究新知"学习单

之后，进入第二个模块"挑战学习"。她在读题的过程中并没有对题目进行标注，可能认为这道题目她已经理解了。因为第一个题目做得比较顺利，李含对于第二道题目也是比较有信心的。她首先在草纸上尝试了列表法，但是她发现这道题目如果用列表的话，要画很多表格，一一代入数字进行尝试比较困难，所以放弃了列表法，转而采用同学们比较常用的假设法。她先是自己思考了一会儿，没有想出完整的解题方法，于是向同桌请教。同桌将解题方法传授给了李含。李含于是直接照搬了同桌的做法：

> 假设全是鸡
> 35×2=70（只）
> 94–70=24（只）
> 鸡：24÷（4–2）=12（只）
> 兔：25–12=23（只）

　　李含的算式写得非常整齐，因为对自己的答案不是很确定，于是又找同桌对答案，12 只和 23 只，没错。可是，仔细一看，李含发现了一个问题，同桌的答案虽然是同样的数字，但是鸡、兔的数量和自己的是完全相反的。李含对这个问题非常困惑，她不知道问题出在哪里，于是求助其他伙伴。大家的答案都是一致的，即"兔 12 只，鸡 23 只"，而李含的答案刚好相反。马瑞提醒李含"你的鸡和兔写反了"。李含于是拿出自己的涂改液，默默地将"鸡"和"兔"两个字涂掉，并改为：

> 兔：24÷（4–2）=12（只）
> 鸡：25–12=23（只）

　　李含对这个答案仍然是心怀疑虑的，但是确实不知道问题到底出在哪里，因为其他同学的答案都是一致的。她感到自己只要将答案改成一致的就好了，这样她也会比较安心。李含的问题看似解决了，但当她遇到第三道问题"龟鹤算"的时候，又遇到了相似的问题。她列的算式是：

> 40×2=80（只）
> 112–80=32（只）
> 鹤：32÷（4–2）=16（只）
> 龟：40–16=24（只）

当李含与同桌交流答案的时候,发现其他人的答案与自己的答案再次出现了相反的情况。李含又拿出涂改液,默默地进行了修改,将"龟"与"鹤"的位置进行了对调:

龟:32÷(4-2)=16(只)

鹤:40-16=24(只)

李含对答案进行了修改(见图 2.6),正巧张老师请李含来回答第三个问题。李含按照修改后的答案回答出来。老师并不知道李含遇到的真实的问题,但看她答案是正确的,便对李含的答案进行了肯定。李含虽然表现得很开心,但是眼中仍有疑惑,不知道应该问谁,或者应该如何提问。她心里装着一个大大的问号:为什么假设全是鸡(鹤),首先算出来的却是兔(龟)的数量呢?直到课程结束,李含的这个疑问都没有得到解答,她带着疑惑走出了教室。

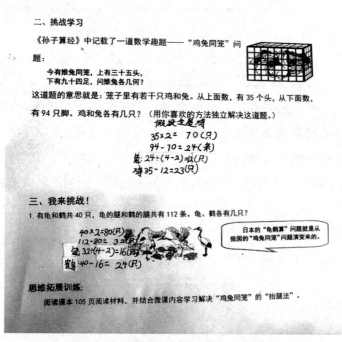

图 2.6 李含同学的"挑战学习"学习单

学习成果 C：算理明确，逻辑清晰，尽量尝试用新的方法求解

李含的旁边、马瑞的斜对面坐的是杨子。他的学习过程笔者无法仔细观察到，但在课后清楚地拍到了他的学习单。笔者对学习单进行了仔细的观察和研究，同时将杨子的学习单与马瑞和李含的学习单进行了对比，发现杨子的解题过程是比较独特的，或者说对"鸡兔同笼"问题的解答过程是比较缜密的。

对于第一个"探索新知"的问题，杨子用红笔在关键的已知量"有 8 个头""有 26 条腿"下面标红。在"我是这样想的"下面，列出了详细的思考和计算过程：

> 假设全都是鸡：
> 8 只鸡有多少条腿？
> 8×2=16（条）
> 比实际少了多少条腿？
> 26-16=10（条）
> 兔子有多少只？
> 10÷（4-2）=5（只）
> 鸡有多少只？
> 8-5=3（只）
> 答：兔有 5 只，鸡有 3 只。

杨子在"我从伙伴学到的"后面写道：画图法、假设法、列表法。我还学到了怎样用画图法来解决问题。

杨子不但准确地列出了算式，算出了正确的得数，而且每一步算式都有详细的算理解释，据此我们可以看到杨子清晰的解题思路，并且能够发现杨子在每一个关键点上都保持正确的理解，问题的理解、解决、书写过

程都非常规范,很有见地(见图2.7)。杨子和马瑞一样,第一题采用的都是"假设法",而且同样"假设全是鸡"。

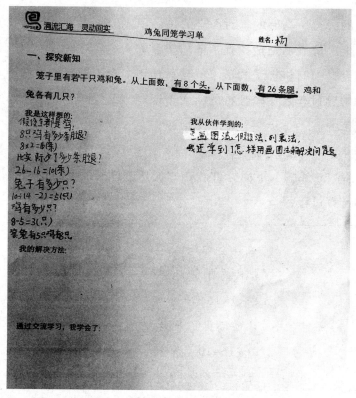

图2.7 杨子同学的"探究新知"学习单

对于第二个模块"挑战学习",杨子仍然是用"假设法",并在学习单上完整呈现了思考和列式的全过程:

> 假设全是鸡:
> 35只鸡有多少条腿?
> 35×2=70(条)
> 比实际少了多少条腿?
> 94−70=24(条)

> 兔有几只？
>
> 24÷（4-2）=12（只）
>
> 鸡有几只？
>
> 35-12=23（只）
>
> 答：兔有 12 只，鸡有 23 只。

杨子的思路非常清晰，解题过程一目了然，不但在数学表达上非常准确，连标点符号的运用都是完全恰当的（见下页图 2.8）。其他同学在公开发表的时候，提到了"假设全是兔"的做法，他认真倾听，并且在同学回答完毕之后，还请同学再详细说一下解题过程。他觉得自己有些地方没有听清楚，想要对新的解法有更多的了解。

在解决第三个问题"龟鹤算"时，杨子变换了解题思路，虽然仍然是采用"假设法"，但他从"假设全是鸡（2 条腿）"变为"假设全是龟（4 条腿）"，将从同伴那里学到的新的思考和解题方法，迅速地运用到新的问题情境中去。他的解题过程如下：

> 假设全是龟：
>
> 40 只龟有多少条腿？
>
> 40×4=160（条）
>
> 比实际多了多少条腿？
>
> 160-112=48（条）
>
> 鹤有几只？
>
> 48÷（4-2）=24（只）
>
> 龟有几只？
>
> 40-24=16（只）

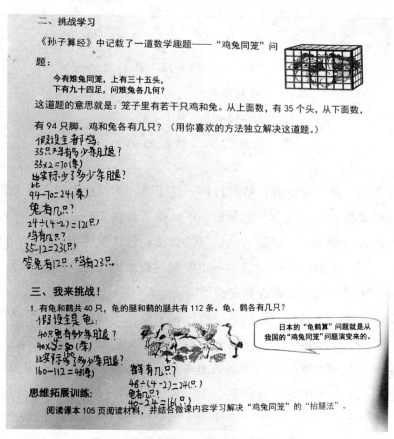

图 2.8 杨子同学的"挑战学习"学习单

对比分析：学习成果中蕴含的信息引领教师进行自我反思与教学改进

一、三类学习成果的对比分析

通过三位同学的学习成果对比，我们可以发现：马瑞提前学习过"鸡兔同笼"问题，所以他能够在教师没有进行讲解的情况下，快速找到假设法的解题思路。但他对这个问题没有进行深入探究，也没有考虑其他可能的解决方案，即使看到其他小伙伴用了另外的方法，也不为所动，三道同样类型的题目，采用了同样的方法。在第二和第三个问题解决的过程中，他完全照搬第一个问题的方法，不但没有任何改进，而且在解题的时候，书写越来越不规范，出现了两次不应出现的笔误。在这节课上，马瑞并没有学到新知，他不过是把原来学到的内容进行了三次复习，对他来说，三道题目是一样的，只是数量上稍有变化，他只是反复练习而已。

李含在使用列表法时，解题思路是比较清晰的，也很快得出了正确答案。但列表法的适用范围是有限的，如果数字比较大，这个方法用起来就不方便了。李含借鉴了同桌的解题思路，尝试使用假设法。但实际上，李含能够看到同桌的算式，但并不理解算式的意义，她理所当然地认为"假设全是鸡，第一步算出来的应该是鸡的数量"，但实际情况恰恰相反，所以她每次计算的结果都是与其他人相反的，没有对其中的原因进行深究，而是简单地调换了"鸡"和"兔"的位置。李含虽然暂时性地掩盖了自己的困难，但是当相似的情境再次出现时，她还是会重蹈覆辙。对她来说，这节课表面上学到了"假设法"，但并没有真正理解其中的意义，更多的是不明就里地照搬同伴的答案，追求和同桌相同的得数而已。

杨子在读题和解题的过程中表现出非常强的逻辑思维能力，并且将自己思考问题的过程和解题过程用清晰的语言表示出来，每一步算式的算理和算法都是比较清晰的。通过杨子的解题过程，我们可以看到他对问题理解的深入。难能可贵的是，他并没有满足于自己比较擅长的算法，而是认真去倾听、理解和学习同伴的解题方法，并能在自己不完全理解的情况下，主动提出问题，寻求帮助，完全没有想要维护自己"懂了"的形象。他对同伴的解题方法能够有效地理解和加工，并在第三道问题的解答过程中转变思路，换成对他来说更加新颖且难度更大的"假设全是龟（4条腿）"。杨子对自己原有的解题方法理解透彻，而且还能够习得和应用新的解法，真正理解新的解法，并正确地迁移。对杨子来说，学习真实地发生了。

二、三类学习成果对教师教学改进的启示

结合三位学生的学习成果，加之上课过程中其他组学生的发言和提问，我们可以了解到，同学们在第一个问题上使用的方法是比较多样的，如画图法、列表法、假设法等。在数量不太大的情况下，这些方法是普遍适用的，而且列表法和画图法对于学生们来说更加直观，也更容易理解。

但随着题目中数字的增大，其他方法逐渐不再适用，假设法异军突起。同学们都转而用假设法，而且多数学生采用的是"假设全是鸡"，少量学生采用的是"假设全是兔"。这两种解法本质上是相同的，但"假设全是鸡"中，假设的数量少于实际题目中给出的数量，这样的解法更符合儿童的思维特点。因为很多同学对"假设全是鸡"的思路比较熟悉，于是遇到相似的问题，不假思索地套用之前的解题思路，缺乏新的学习和思考，马瑞就是其中的典型代表。

李含则是从列表法转到假设法的一类学生。他们对列表法中通过试错来"凑"得数的方法比较得心应手，这个方法非常直观。但当数量变大，不得不选择假设法时，这些同学就出现了比较大的转换困难，即从完全直观的数量关系转变为相对抽象、需要想象和假设的方法，遇到了明显的困难。李含所遭遇的正是多数四年级学生在没有提前学习过"鸡兔同笼"的问题时必然遇到的困难。对于教师来说，只有真正理解李含等同学所遇到的认知困境，才能使学生真正学习。那么，李含的问题到底出在哪里了呢？为什么她所计算的"鸡"和"兔"的数量是完全相反的呢？从根本上说，由于课堂思考时间比较短，李含并没有真正理解"假设法"的含义，所以当她和同桌一样"假设全是鸡"的时候，她所列的算式到底代表什么意义，她是不清楚的。最为具体的表现就是她的疑惑："假设全是鸡，为什么第一步算出来的却是兔的数量呢？"

对于学生来说，新知识的建构必须来源于已有知识，因此教师必须关

注学习者对概念和方法的不完整理解或者错误观念，还要根据这些来帮助每个学生实现更成熟的理解。如果忽视学生的初始概念、观点，他们获得的理解就可能与教师预期的想法大相径庭。[①] 如果执教教师不能体会到学生认知的真正困境，不在这个地方花时间让学生反复体会、思考、讨论，学生就不会对假设法有真正的理解。所以，在这个部分，教师必须慢一下，给学生时间，让他们去思考。当学生不能理解假设法的时候，我们应该搭建必要的脚手架，让学生理解画图法和假设法之间的联系，用画图法去解释假设法，让学生厘清每一步算式的算理。只有经历这样不断"反刍"的过程，学生才能真正理解假设法的含义及其在本题中的具体应用。如果学生能够熟练地运用假设法，就可以引导他们换一换其他解决思路，用"假设全是兔"再做一遍。学生能不能真正用假设法求解"鸡兔同笼"的问题，这一步是极为关键的。这个过程如果缺失，学生就会一直处于模棱两可的状态，题目稍作变化就会出现错误，或者深陷某一种解题思路中，不能灵活运用不同的解题思路，抑或不能建立不同解题方法之间的联系。那么，学生对这个问题的学习仍然是浅表层次的。

为了让学生对假设法的正确使用有充分的认识，并能够灵活运用和变换不同的方法，教师就需要将更多的时间和精力放在第二个问题上。那么，时间从哪里来呢？来自问题的精简。本课学习单出示了三个题目，但从问题的性质和难度来看，这三个题目是同质性的，所以有必要进行删减。第一题数量较小，可以适用于不同的解题方法，这是此题目的重要价值，所以可以保留。但是建议放在预习中，学生在家里按照自己喜欢的方式来求解，课上主要是完成第二道问题的思考、解决、讨论、完善、变换思路等一系列过程，让学生真正理解如何用假设法求解"鸡兔同笼"问题，同时理解多种方法之间的关系。后面的题目属于同一类型题目的变式练习，可以放在作业单上让学生多次操练，从而达到巩固的目的。这样进

[①] [美]约翰·D·布兰思福特，等.人是如何学习的——大脑、心理、经验及学校（扩展版）[M].程可拉，等译.上海：华东师范大学出版社，2013：10.

行设计，就可以满足不同学生的学习需求。没有接触过假设法的同学，可以尝试和理解假设法，建立列表法、画图法与假设法的联系。已经对某种假设法比较熟悉的同学，可以变化思路，采用多种方法来解决，在与同学讨论或者帮助同学讲解的过程中，进一步建立不同解法之间的联系，更清晰地阐释算理，形成对"鸡兔同笼"问题更深刻的思考。每位同学在原有基础上都有所突破、有所提升，这是学习真正发生的标志。

从课例研究中找到挑战性问题设计的密码

在学习共同体课堂上,教师往往会设计挑战性问题,并引导学生自主思考、同伴交流、共同分享,更多地表达自己的想法,让他们充分地参与到学习过程中。这与以教师讲授和控制为主的课堂有较大差异,同时也对教师提出了前所未有的挑战。特别是语文课堂,经常有教师反映:"让学生自己阅读思考,他们很容易跑题,会浪费时间。"于是,笔者开始关注语文课堂中教师的提问与学生的回答之间是否存在这样的问题,以及如何解决,下面举例说明。

教师布置的阅读问题与学生对文本的理解莫名错位

《在烈日和暴雨下》节选自老舍的名作《骆驼祥子》。其中"在烈日下"这个部分写得格外生动,文本中好多句子都是我们耳熟能详的。"天热得发狂""处处干燥,处处烫手,处处憋闷,整个老城像烧透了的砖窑",老舍用朴素的语言,将"天气炎热"描绘得极其生动,给读者带来强烈的画面感和共鸣感。上课的胡老师之所以选择这篇九年级的文章让六年级的学生学习,肯定也是看到了这篇文章鲜明的语言特色。虽然是六年级学生,但是因为长期在学习共同体的课堂中学习,他们对文本的理解、对观点的表达都是很有见地的,因此,观察者才有机会看到教师的问题设计与学生对文本的理解之间的落差和错位。

　　上课伊始，胡老师先是介绍了《骆驼祥子》的写作背景和作者老舍对《骆驼祥子》的评价，并借此机会回顾了小说的三要素：人、环境、故事情节。胡老师认为这篇文章的特色是有大量的环境描写，并提出了需要思考和讨论的问题："这篇文章中的环境描写给你们留下了怎样的印象？"同时，胡老师在 PPT 上展示了更加详细的问题："找到环境描写的句子，体会作者是如何描写'天热得发狂'的，并体会作者的描写手法。"对于这样的问题，学生将会做出怎样的回答呢？笔者的观察对象是毛子丹同学。刚开始的五分钟，他用两分钟的时间快速通读了全文，并认真地圈画和批注文本。环境描写的句子比较集中在第 2 自然段，也有的零星地分布在其他段落中。让我感到好奇的是：环境描写的句子本来是非常明显的，只要从头到尾找出来、画出来就可以了，但是毛子丹并没有这样做，他所感兴趣的点恰恰不是环境。他最先圈画的是五处地方："狗趴在地上吐出红舌头，骡马的鼻孔张得特别大，小贩们不敢吆喝""懒得去张罗买卖""只低着头慢慢地走""祥子胆怯了""看见食物就恶心"。

　　毛子丹果然完美避开了胡老师的提问。第一轮的阅读圈画结束后，胡老师请同学们回答预设的问题"对环境描写的感受以及描写手法"。轮到毛子丹发言的时候，他选了"祥子胆怯了"，并且说明了自己的理由："祥子本来不需要出去拉车的，他是铁打一样的汉子，身体健壮，一般的困难不会让他退缩，但是就连他这样的壮汉也胆怯了，说明天气实在是太热了。"这个回答让胡老师左右为难。发言本身是没有错误的，还非常有说服力，只是这个回答并不是胡老师想要的，因为毛子丹回答的并不是"环境描写"的句子，甚至与"环境描写"好像一点关系也没有。胡老师让毛子丹坐下，并提醒同学们要去找"环境描写"的句子。毛子丹看到胡老师并没有肯定他的回答，还是不甘心，手再次举得高高的，话筒早已传到其他同学那里，而他的手一直不肯放下来。

　　本来，胡老师这个题目的指向是非常明确的，就是聚焦环境描写，而文中环境描写的句子比比皆是。第 1、2 自然段几乎每一句都是环境描写，如"叶子挂着层灰土在枝上打着卷；枝条一动也懒得动，无精打采地低垂着"，"处处干燥，处处烫手，处处憋闷，整个老城像烧透了的砖窑，使人喘不过气来"，等等，只要从文章里把这些字词挑出来、读出来，然后说明"天气热得发狂"就可以了。这是唾手可得的"正确答案"，毛子丹却偏偏绕过去，直接把目光放在"人"的身上。在他画出"祥子胆怯了"几个字时，笔者的内心震动了一下，毛子丹对文本理解的穿透力这么强，他迅速穿越环境描写的层层迷雾，直接进入祥子的内心世界。毛子丹具有非常强的语言直觉。创作者并不会在意自己到底运用了怎样的修辞手法，但他们的语言直觉告诉他们就是要这么写，这是从人的头脑中直接获得的指令，然后从笔尖流淌出来。而对于读者来说，作者到底要说什么，虽然没有直接告诉读者，即便是没有受过专业训练的读者，也可以迅速抓取到最为关键的信息，快速地领会作者的意图。学生在语言储备和相关知识上是处于弱势的，但是却有着非常敏感的语言直觉。毛子丹之所以没有把焦点放在环境描写上，也没有理会具体的描写手法，是因为他看到了比环境描写更重要的东西——祥子内心的煎熬。

在组内同伴交流的时候，毛子丹提到"祥子看到食物就恶心"，他认为："祥子是中下层农民，一直忍饥挨饿，对他来说最宝贵的就是食物了，他最懂得'人是铁，饭是钢'的道理，所以只要能吃一口，他肯定不会放过，但是祥子不但不吃，而且到了作呕的程度，这说明天气已经热到了极限，祥子已经无法忍受了。"这个分析仍然避开了环境描写的句子，直接将关注点放在祥子的身上。毛子丹的几句话隐藏了大量的信息，结合祥子的身世和当时的社会背景，结合自己的感受，从话语中透出对祥子深切的同情。烈日勾起人强烈的内心感受和共鸣，这种对文本的理解让人茅塞顿开，原来环境描写不是最终的目的，最终的目的是"人"，是祥子这样身处极端环境，又不得不拉车赚钱的底层老百姓苦难的生活和焦灼的内心。这才是老舍想要带我们走进的世界。

问题的设计来源于哪里？来源于课程标准或教材对教学内容的规定性，来源于文本自身的特色，也来源于学生对文本的独特理解或者解读困难。《在烈日和暴雨下》这篇文章并不是六年级必须教授的内容，因此，这篇文本到底要教什么，取决于文本的特点和学生对文本的独特理解。但文本的特色可能是多方面的，在进行教学（学习）设计时，教师需要取舍。如果教师对文本的理解不够深入，就容易陷入对文章写作手法、修辞手法的探讨。这些固然是重要的，但是学生对文本的真正理解、感受、鉴赏和发现更为重要。如果教师的问题设计比较形式化、表面化，只是把文本作为学习语文技巧的一种手段，那么学生的回答很可能与教师的设计产生隔阂。特别是学生对文本的体悟比较深刻，对文本的解读非常纯粹的时候，他可能会对教师的形式化问题不予理会，而是径直向着文本最核心之处深溯。从教师的视角来看，学生没有回答到"点子上"；而从学生的视角来看，教师并未真正理解他们在说什么。学生觉得自己的想法没有错，而教师认为学生的想法已经偏离了。

教师布置的写作任务，学生无法高质量完成

这节课还有一个重要的写作任务：请同学们想象一下祥子在寒冬出去拉车的情景，并通过景物描写来表达天气的寒冷。毛子丹虽然对上一个阅读任务非常自信，从头到尾举手希望胡老师再找他回答问题，但是对于这次的写作任务，他表现出了"困惑"，迟迟不能下笔，只写了短短的两行字就搁笔了。他是这样写的——"12月22日那天，祥子走出家门，天冷得荷塘里的水都结成了厚厚的冰，风呼呼地吹，吹得人连门都不敢出去，大街上一个人也没有"。看到这两行字，笔者不禁笑了。祥子家住北京，大冬天的当地肯定不会有荷塘。为什么毛子丹会想到荷塘？因为这是他日常生活中经常出现的场景。人的写作往往是以他的生活环境和人生经历为原型的，作者一般很难虚构出与他的生活完全不相关的环境或事件。所有的写作都是基于人生经历，作家没有人生经历很难写出东西来，因为他写的其实就是他自己，只是用了各种各样的方式来变形而已。毛子丹以祥子开头，其实写的是自己的生活。为什么他写了几句就写不下去了呢？因为

这与他现时现地的感受相去甚远。现在是六月的天气，他所处的教室非常闷热，而且他又是个南方孩子，没有经历过北风呼啸，这篇文本所有的描写都是呈现酷热难忍的环境，突然让他抽身到北国去，他真的很难做到。他不能依靠自身的经历去写作，只能模仿文中的描写，但文本的内容（酷热）却与问题情境（寒冷）完全相反，这真的是把他难住了。再看毛子丹身边的冯霖同学，她写道："柳树叶都被冻住了厚厚的一层霜。"她这个柳树叶从哪儿来的？就是从这篇文本，从老舍那里生搬硬套来的。南方的孩子并不知道北方的冬天树叶会完全落光，冬天根本看不到柳树叶，更不可能"冻住厚厚的霜"，这些都是身处南方夏季的学生们所难以想象的。

　　试想，人写作的最初冲动来自哪里？有感而发，如鲠在喉，这就是真正的表达冲动。人们心里形成了对文本的真实感受，形成了自己比较成熟的观点，想找人分享，如果没有办法通过语言表达出来，就可以通过写作来表达。能说的人往往不能写，能写的人往往不能说，因为无论写作还是言说，都是出于表达的冲动。这种冲动一旦被释放，就难以重新找回了。不善言说的人常常都是善于思考的人，当他无法用语言表达，就会默默地回到自己的房间，打开台灯，拿起笔。笔触碰到纸，表达的阀门被打开，思考和想法喷涌而出，这就是写作的原初冲动。对于作家来说，作品中每个人所说的话都是作者的心声，进入这种合一的精神状态，他们才会写出东西来。

　　那么，我们再回到毛子丹的小作文写作现场，他看到了极端恶劣的环境下祥子的胆怯与挣扎，内心与文本中的主人公产生了强烈的共鸣。他一边听同学的分析，一边认认真真地记录下那些他感同身受的发言，一次又一次地举起手，想要和老师、同学分享他的感受，这正是他开展写作的最佳契机。写什么最能表达此刻他的内心所想？此时，他最想分享的应该是他所感受到的祥子的内心世界，祥子的胆怯、焦灼、纠结和煎熬，哪怕只有50个字，此时此刻，没有比把一直想说的话说出来更痛快的事情了。如果写这个主题，毛子丹一定能一气呵成，下笔神速。对他来说，这不是简单地完成写作任务，而是给自己的阅读体验一个归宿和交代。所以，最好的方法就是让他自由写作，用最自然的方式表达自己最想说的话。

挑战性问题的设计：需要充分地倾听学生的声音

这节课让笔者对教师的问题设计方法产生了深刻反思。教师在教学（学习）设计的时候往往比较重视学科逻辑，会把教材、教参或者名师的教学设计作为重要的参考，在对文本缺少深刻解读的情况下，依照教学惯例设计一些形式化的问题，并希望用这样的问题来引领学生的思考。但学生往往并不知道如何回答这样的问题，或者说学生的回答并不到位，从而产生"教"与"学"的落差。这实际上体现了教师"教"的形式化、主观化与学生"学"的深刻化之间的矛盾。教师的逻辑是快速、准确、高效地完成教学任务，而学生则希望缓慢、细腻、深刻地探索作者所构建的文本世界，或者走进故事主人公的精神世界。

从教学设计来说，如果教师不了解学生的迷思概念和认知困境，只是根据自己的经验性预判或者教学参考书进行设计，往往不能解决学生学习中产生的真正的困惑。从教学组织来说，如果教师用简单的方式讲述自己对于知识的理解，不倾听学生的声音，对学生的问题简化处理或者无视，不允许学生的问题改变预设教学轨迹，就很难说教学目标已经达成。从内容质量来说，如果教师缺乏对学科本质的真正理解，缺乏对知识内容的深度把握，教学内容和教学设计贫乏，无法满足学生高质量探究的需求，两者之间的矛盾长期得不到解决，就会有一种学生不配合自己、学生不喜欢学习的感受。而实际上，学生真正的学习兴趣一直被压抑，他们的疑难没有得到解决，语文学习的热情也会被慢慢消耗掉。

因此，深入研究文本的价值和特质，并根据对学生的观察和分析来设计学生真正感兴趣的问题和任务，是语文教师面临的重要挑战。要真正解决这一问题，可以借助以下几个工具。

一是制作预习单。学生完成预习单的过程中，不但能够对语文学习有充分的准备，而且还能够表达出自己真正的疑惑和问题。教师透过预习单，可以有效地掌握真实学情，并根据学生的疑问来设计课堂中的挑战性问题。

二是对学生的学习进行细致观察。教师在进行教学之前，能够抽出至少一节课的时间，到隔壁班级做观察员，观察学生学习的状态，并发现学生学习的真正难点和亮点。这对教师设计挑战性的学习任务具有重要意义。

三是进行学习单的分析。学生上课的过程中，会自主思考，填写学习单。学生在课堂上来回使用和修改学习单，会在学习单上留下学习过程的诸多痕迹，经验丰富的教师在课后回收学习单，就可以根据学生学习的真实情况反思自己问题设计的适切性，并及时调整和改进教学。

四是在教学过程中请同学共同商量来确定挑战性问题。学生可以独立提出问题，也可以通过合作探讨提出真正感兴趣和值得深究的课题。问题从学生中来，又回到学生中去，教师应在必要的地方搭建脚手架，进行串联和反刍。学生经历了完整的学习过程，解决了自己最想解决的问题，说出了自己最想说的话，写出了自己最想写的文字，必然产生学习的意义感和成就感，从而以更饱满的热情投入学习。

总之，课堂中的挑战性问题设计不是教师一个人的独角戏，也不只是教师之间相互研讨、共同备课的结果，而应该用各种方式积极引导学生共同参与。学生在参与的过程中理解、思考、学习和探索，就是真实的学习过程，也必将产生真实的学习成果。这是真正有意义的学习，也是深度学习的重要体现。

第三章

语文课例研究与分析

《卖火柴的小女孩》学习设计

周毅[①]

一、教材分析

（一）文本解读

《卖火柴的小女孩》这篇课文是丹麦作家安徒生的一篇著名童话，讲述了一个卖火柴的小女孩大年夜冻死在街头的故事。全文以"火柴"为线索，重点写了小女孩五次划着火柴的情景。火柴的温暖使小女孩产生了美好的幻象，渴望得到温暖的火炉、喷香的烤鹅、美丽的圣诞树、慈爱的奶奶。安徒生在《卖火柴的小女孩》中写小女孩很想念奶奶，实际上这个故事传达了他对母爱和家庭的渴望。安徒生14岁离家闯荡之后终身未婚，连奶奶和母亲去世时他也不在身边。长期缺失亲情，一辈子漂泊，远离家庭，只能靠幻想和怀念来体味家庭的温暖。我们可以把这段话看作对安徒生创作这个童话的动机的一种理解。

安徒生的创作不仅是个人经验的传达，而且具有一定的社会意义。当时的丹麦还处于封建王朝统治下，许多穷苦的儿童过着和童年安徒生以及

[①] 课例文章作者系浙江省绍兴市秀水小学原校长。

童话中的小女孩同样贫困的生活。安徒生的这篇童话既真实地描绘了穷苦人的悲惨生活，又充满着对美好生活的幻想。由于作者出身贫寒，对社会上贫富不均、弱肉强食的现象感受极深：一面是饥寒交迫，没有欢乐，受人欺凌——马车横冲直撞，男孩抢走了她的拖鞋；另一面是"每个窗子都透出灯光来，街上飘着一股烤鹅的香味"，透过富商家的玻璃门可以看到圣诞树是那么大，那么漂亮。整篇作品充满着作者对穷人的深切同情，以及对贫富不均的社会的哀怨。但是在那个时代，作者找不到摆脱不幸的道路，只能以伤感的眼光看待世界，认为上帝是真、善、美的化身，可以引导人们走向幸福。

文本第 5—11 自然段，小女孩一共划了五次火柴：第一次看见了火炉；第二次看见了烤鹅；第三次看见了圣诞树；第四次看见了奶奶；第五次奶奶把她抱了起来，在光明和快乐中飞到了一个没有寒冷、没有饥饿、没有忧愁的地方。如果将小女孩的这些梦想罗列在一起，不是更一目了然吗？可是安徒生却是这样一次次地反复描写，把这些美好的梦想放在了五次点燃火柴的过程中，不仅写出了小女孩梦想变化的递进，也用女孩的动作"她敢从成把的火柴里抽出一根""她又擦了一根""她又擦着了一根火柴""她在墙上又擦着了一根火柴""她赶紧擦着了一大把火柴"，表现出女孩对于光明与温暖的渴望。细细品味，你就会发现这样的反复叙事，不仅读起来引人入胜，更于不经意间让人性最美的光芒辉映于读者的心田。

文本表达了安徒生对穷苦民众的同情、对苦难人生的关注，以及对美好追求的赞颂。我们要从童话创作的角度，深入体会经典创作的内涵。如，通过小女孩的"小"，发现对应的自然环境、社会环境、家庭环境中一个个的"大"，以及内心包蕴的物质世界、精神世界追求的"大"，从而体会童话永恒的魅力。自然环境的寒冷，加上社会环境的冷漠恐惧，用一个成语来概括，这对小女孩来说那可真的是——雪上加霜！学生在阅读文本的过程中，能够感受到小女孩的寒冷、饥饿、恐惧、孤独和痛苦："她找了房子的一角坐下，蜷着腿，缩成一团，可她觉得更冷了。""她不敢回家，因为她没有卖掉一根火柴，没有挣到一个钱，她爸爸又会打她。"这个"冷"首先指天气非常寒冷恶劣，其次是小女孩的内心非常寒冷。除了自然环境的寒冷、社会环境的冷漠，我们还读到了家庭环境的冷淡。可以说，整个世界对于小女孩来说是极为冷酷的。

我们在进行"还原"分析的时候，最根本的是要"还"、要"原"，将作者的写作意图"复现"出来，将作者所表现的生活"复现"出来。《卖火柴的小女孩》作为一篇西方童话，解读的时候必然要考虑西方文化的背景。安徒生的童话之所以不朽，就是他的童话富有深刻的哲学意义。这位有着基督教信仰的作家，作品主题中总是洋溢着美好与高尚、谦卑与高贵、恬淡与隐忍，以及对梦想的追求——这是人性中最光辉、最伟大之处。为此，作品的宗教内涵同样值得重视。文中两次提到上帝："有一颗星星落下来，就有一个灵魂到上帝那里去了"；"奶奶从来没有像现在这样高大，这样美丽。奶奶把小女孩抱起来，搂在怀里。她们俩在光明和快乐中飞走了，越飞越高，飞到那没有寒冷，没有饥饿，也没有痛苦的地方去了——她们和上帝在一起"。谈到"上帝"，寒冷孤独中的人便有了依托，有了一个可以获得满足的地方。跟上帝在一起，就是跟美好、善良、幸福在一起。如果我们站在西方文化的背景下考量，这也许并不是迷信，而是灵魂的寄托、精神的皈依。最后，小女孩"幸福地死去"。作者一再强调小女孩死时"嘴上带着微笑"，"谁也不知道她曾经看到过多少美丽的东西，她曾经多么幸福，跟着她奶奶一起走向新年的幸福中去"。卖火柴的小女孩怀着幻想和追求，哪怕死去也"嘴上带着微笑"。

拥有幸福当然更好，但即便生活遇到不幸，也应当学会在寒冷中播种温暖，在饥饿中获得满足，在恐惧中创造安宁，在孤独中寻求慈爱，在痛苦中追求快乐。要拥有一颗面对苦难的隐忍之心，不放弃对梦想的渴望，获得属于自己的幸福！如果能以这样的态度面对生活，我们会发现《卖火柴的小女孩》更高的文学价值，因为它教会了我们对待困窘和艰难的一种人生态度。优秀的童话足以影响人的一生，它对儿童来说是生动的故事、美丽的形象，对成人来说则是精神家园、终极关怀。这就是伟大作家和不朽作品超越时代的永恒力量。

（二）语言特点

虚实结合。写实和写虚交替进行，美丽的幻想和残酷的现实更迭出现，是这篇童话的特点，也是这个凄美的故事最打动人的地方。

想象合理。文中的小女孩每擦燃一次火柴就会产生一次幻象，而这些幻象都是来源于现实生活，是自己当时极度需要的。作者写这篇童话，是由一幅图画结合自己母亲的亲身经历和当时的社会现实联想到的，是基于现实的想象，是合理的。故事发生在又黑又冷的举国欢庆的大年夜的晚上，主人公小女孩在饥寒交迫中赤着脚出来卖火柴，但一根都没有卖掉。她在几近绝望的情况下，终于鼓足勇气相继五次擦燃火柴，一次次在幻想的世界里满足了自己的小小渴望。这给她幼小的心灵带来了极大的满足。最后，她在微笑中迎接死神的到来。

二、设计思路

本文是一篇童话故事。童话通过丰富的想象、幻想和夸张来塑造形象、反映生活，对儿童进行思想教育。幻想是童话的基本特征，也是童话反映生活的特殊艺术手段。但是童话中的种种幻想，都植根于现实，是生活的一种折射，即童话中的想象也具有一定的合理性。这篇童话内容浅显易懂，故事情节凄美感人，对于六年级学生来说，理解起来并不困难，因此，我把教学目标定位在有感情地朗读和领悟写法上。通过对语言文字的品析，关注人物的命运，揣摩人物的心理变化，学生能够领悟作者虚实结合的表达方式，激发阅读整本书的兴趣。

（一）教学目标

（1）根据故事情节的发展有感情地朗读课文，关注课文中人物的命运，深入体会作者的思想感情。

（2）体会作者虚实结合的表达方式。

（3）激发学生阅读《安徒生童话》的兴趣。

（二）教学重点

把握课文内容，深入体会作者的思想感情。

（三）教学难点

体会作者虚实结合的表达方式及表达效果。

（四）教学要点

（1）有感情地朗读课文，感受安徒生作品的语言美。

（2）品读课文重点语句，理解并交流小女孩的"幸福"。从小姑娘"幸福"地死去中，我们学会如何面对苦难，汲取活着的勇气和力量。

（3）说话训练，发展学生的想象思维。

（五）学习设计

预设课堂时间为两节课，80分钟，分为四个主要板块。

第一板块：读课文，感受小女孩的幸与不幸。

任务：静静地默读课文，边默读边圈画批注。哪些地方特别打动你？画出相应的句子，并在一旁写下感受。之后，小组互学，公开发表。

第二板块：读课文，感受对比手法的奥妙。

这个诞生于180年前的童话故事是如此凄美动人，毫无疑问地成为安徒生的代表作之一。那么，作者到底在写作上用了什么魔力使这篇作品如此打动我们，成为经典中的经典？

任务：再一次静静阅读课文，用波浪线在文中画出对比描写的语句，想一想，各是什么和什么的对比？做好批注。依次轮流在全班发表。

第三板块：读课文，感受小女孩对美好生活的追求。

任务：伴随音乐，师生、男女生等合作朗读课文第5—10自然段，体会语言的精妙。

第四板块：仿写，联系运用联想和对比写话。

第三次幻想破灭后，想象一下，除了渴望见到奶奶，小女孩还特别期待什么？再一次擦着火柴后，她真的见到了什么？火柴灭了以后，等待她的又是什么？

任务：请你试着模仿第5、6、7自然段，把幻想和现实放在一起对比着写一段话吧！（100~150字）书写时间为12分钟左右，组内交流、推荐，全班分享。

借助这四个模块的学习任务，让学生自主品读、鉴赏、发现，用心去体会，再通过同伴互学、交流、分享、表达和倾听，学生在80分钟中逐渐进入深度学习的状态。相信这些六年级的学生通过安徒生深情的笔触，一定能够体悟卖火柴的小女孩令人心碎的悲惨生活，也能够感受到小女孩在饥寒交迫的困境中，依然充满着对美好生活的向往和追求。通过不断阅读、分享、创作，学生们会懂得关心、同情弱势群体，并体会自己生活的幸福和快乐。

《卖火柴的小女孩》预习单

一、认真地读读课文，读准读通句子，完成练习。

1. 难读的字词有：＿＿＿＿＿＿＿＿＿＿＿＿＿＿＿＿＿＿＿

难写的字有：＿＿＿＿＿＿＿＿＿＿＿＿＿＿＿＿＿＿＿＿

难理解的词语有：＿＿＿＿＿＿＿＿＿＿＿＿＿＿＿＿＿＿

2. 了解童话大王安徒生。

3. 去找安徒生其他的一两篇童话来读一读，概括安徒生童话的特点。安徒生童话的特点是：＿＿＿＿＿＿＿＿＿＿＿＿＿＿

4. 了解《卖火柴的小女孩》的创作背景。

5. 课文主要写了一件什么事？

默读课文，想想总共划着了几次火柴，每次看到了什么情景，为什么？

二、自学课文后，你还有什么疑问？

《卖火柴的小女孩》学习单

姓名：

一、静静地阅读课文，哪些地方特别打动你？画出相应的句子，并在一旁写下感受。

二、想象一下，小女孩还特别渴望见到什么？再一次擦着火柴后，她真的见到了什么？火柴灭了以后，等待她的又是什么？请你试着模仿第5、6、7自然段，把幻想和现实放在一起对比着写一段话吧！（100~150字）

	她	再	一	次	擦	着	了	火	柴		

弱势学生何以"逆袭"
——《卖火柴的小女孩》课堂观察和分析
陈静静

  一个班级里总有那么一些学生，上课时他们常常是默不作声的，老师讲课就默默听着，老师让做什么也会默默去做，他们的存在感很低，不太举手，更不会轻易表达自己的观点。如果真的被叫起来回答问题，他们也往往支支吾吾，羞红了脸，说不出答案。坐在他们身边的时候，你能够明显感觉到他们的拘谨。特别是老师走过来的时候，他们往往非常紧张。老师走到他们身边指导的时候，他们也不知所措，对老师讲解的东西完全没有理解，老师走了以后如释重负。

  这些都是典型的弱势学生，他们的基本特征往往是：家庭环境不太好，在家庭中缺乏安全感和照顾，缺乏早期家庭教育的引导和学习准备，对自己和未来的学习比较懵懂，缺乏信心；在班级里，缺少有效的学习方法，学习表现偏弱，在课堂中较少参与，很少举手和表达自己，经常在学习上遇到困难，作业也做不太好，但因为自卑没办法开口求助，学习的问题积重难返；在同伴关系中，他们因为学习成绩不好而无法敞开内心，也很难交到好朋友，在遇到困难的时候，也难以获得同伴的支持。这些弱势学生虽然具体的表现有差异，但基本上都有强烈的自卑心理。"我不行""我很笨""我比不过别人""我会把事情搞砸的"等想法，会不时在这些孩子的头脑中闪现，导致其难以集中精力做事情，而且很难全力以赴去争取。他们长期缺乏成功的体验，慢慢就会放弃努力。家庭条件、学习方法、同伴关系方面的弱势，一旦转化为心理上的弱势，就会难以克服，甚至可能影响一生的发展。

笔者在长期的课堂观察中经常会遇到这样的学生，几乎每个班级都有，有的班级弱势学生的比例还很高。老师在遇到这样的学生时往往也是无计可施，因为他们发现无论是给学生补课还是找学生谈话，收效都不太明显。如何帮助到这样的孩子是一个重要的课题，笔者也不断在课堂观察的过程中寻找解决的线索，直到观察了周毅老师《卖火柴的小女孩》这节课中学生童童的学习历程，才感到"柳暗花明"。这个课例，笔者曾经反复观看，也带着老师们一起研究过多次。鉴于这个课对我们的启发太大了，很有必要写出来，让更多的人一起了解这些孩子真实的学习经历，看到他们"逆袭"的可能性。

周毅老师做学习共同体的研究与实践多年，笔者常常在她的课堂上做观察员。这一次周老师借班执教《卖火柴的小女孩》，要和学生们一起挑战 80 分钟的长课。周老师和笔者都是第一次和这个班级的孩子们见面，他们会有怎样的表现，我们难以预测。当学生们走进录播教室的时候，老师们迅速找到自己要观察的学生，并在他们身边坐下来。笔者就近站在一位名叫童童的学生身边进行观察。

一、在老师的帮助下，童童终于开始进行圈画批注

上课伊始，周老师做了简单的自我介绍和课题介绍，然后给学生 7 分钟的时间自主默读课文，圈画重点语句，并做批注，找到令人感动的地方。童童的阅读过程并不顺利，他犹豫地打开书本，把书立起来进行默读，手里拿着一支笔，在课文中漫无目的地画着，偶尔眼光会飘到同桌那里，似乎对于要做什么不是很明白。他先是不翻页，然后连续翻了几

页,又翻回来,铅笔在每一行略微停留一下,然后不知所措地向下滑动。3分钟过后,当其他的学生开始把书放在桌上,进行圈画和批注的时候,童童的书仍然立在那里,书页翻开窄窄的缝隙,铅笔在书页上这里点一下,那里点一下——他不知道怎样圈画为好。此时教室中很安静,周老师默默地走到童童身边,帮他把书轻轻地放下,胳膊环在童童的身后,轻声耳语:"是不是不知道怎样圈画批注?"于是,她拿起童童的笔点在童童画过的一段文字上,问童童:"你对这段话有什么感受?你把阅读的感受写在边上,这就是批注,你来试试。"周老师做了一遍示范,然后童童照着也画了一处,进行了简单的批注。周老师边点头边竖起大拇指,轻轻地说:"很好,就是这样,这就是批注。"又让童童找了一处文字,自己尝试圈圈画画,简单批注,然后向童童竖起大拇指,摸摸童童的头,默默地走开了。教室里仍然十分安静,只听到笔尖接触纸张的沙沙声。

接着,周老师请同学们分享自己的阅读心得。她先轻声讲述了学习规则与方法:"请同学与小伙伴进行轻声细语的交流,讲的同学要讲清楚课文哪个自然段、什么地方打动你,为什么打动你,说明理由。听的同学要微笑地看着他,听他说完,不要打断同学,如果你有不同观点,等同学讲完以后再告诉他,给他一次完整表达自己观点的机会。如果你觉得他说得特别有意义和价值,自己之前没有发现,那么请你补批在自己的语文书上。我们通过这样不断地倾听和交流来完善自己的观点,可以吗?"童童的同桌是小谊(女),对面是小方(女),斜对角是康康(男)。康康先表达了自己的观点,他轻声说:"我找到的是第7自然段,奶奶把她带到没有饥饿、没有痛苦的地方,但我有个问题,这与第12自然段有没有照应……"小方接着说:"虽然不知道有没有照应,但是我觉得至少没有饥饿、没有痛苦的地方和幸福是有关系的。"然后接着说:"我画的是第4自然段,她不敢回家,因为她没有卖掉火柴,没有赚到一块钱,爸爸一定会打她,她穿得这么破旧,回去还要挨打,太可怜了。"小谊接着说:"我找到第1自然段'大年夜又黑又冷的晚上',这说明她的家很贫困,这么冷的天气还让她出来卖火柴……"同伴们轮流交换着自己的想法,只有童童一声不吭。他拿起铅笔，跟着同学的发言轻翻着书页，有时候在书上画一下，有时候两手一前一后勾着笔，几次想要在书上补批，但不知道如何操作，于是手握着笔轻轻点着书。同伴说得越来越多，越来越快，他有点跟不上节奏，但即便如此，他还是能够跟着同伴的话语，来回翻动书页，偶然画画记记。6分钟过去了，当周老师让大家停下来的时候，童童始终没有说过一句话。他轻轻托了一下腮，似乎想要缓解一下没有发言的尴尬。

二、学生对文本进行长时间的品读和交流，童童沉浸其中

接下来是全班学生发表观点。周老师说："请各组依次发言。一个组说完了，就把话筒递给另一个组，如果一组四位同学都想发表观点，都可以说，但要求是相同的观点不要重复，这就需要大家非常专注地听，一定记住'倾听比表达重要'，养成这样的习惯。发现特别有价值的观点，把它补批在自己课文相应的地方，这是一种非常好的互学，明白了吗？"学生开始轮流发表自己的观点。第一组的小男孩说："请大家看第5自然段的前四句话。'她敢从成把的火柴里抽出一根，在墙上擦燃了，来暖和暖和自己的小手吗？'这是一个反问句，说明小女孩儿胆小、胆怯。'她终于抽出了一根'，说明她冻得实在不行了，才从成把的火柴里抽出了一根。"接下来是一位女同学的发言："请大家看第3自然段，'雪花落在她金黄色的长头发上，那头发打成卷披在肩上，看上去很美丽，不过她没注意这些'。这是小女孩的外貌描写，作者十分同情她，小女孩饥寒交迫，挣扎在死亡线上，没有闲暇顾及她的外貌。这段描写很生动，引起了读者的共鸣。"同学的发言一个接着一个，每个发言都从不同的段落、不同的描写方法、不同的场景中体会这个可怜的小女孩的善良、不幸和对美好生活的向往。学生不但能够分析关键段落，还可以分析关键词的用法，解释具体的写作手法以及对于表达的作用，甚至还可以串联出不同段落之间的关系，进而分析环境、小女孩的遭遇和作者情感表达之间的关系。全班同学认真地听着，学生们的发言掷地有声，令人佩服。周围观察的老师们不

时向孩子投去欣喜的目光。

这时的童童已经完全可以跟着同学的发言在自己的课本上画出相应的段落和句子，即便段落之间相隔较远，他也能快速地找到正确的段落，并且娴熟地画出来。最后发言的是童童一组。康康发言说："精致的盘子、碗和烤鹅代表幸福，而小女孩看到一堵又厚又冷的墙，说明这堵墙把小女孩和幸福隔开了。"康康说完，同学们自发地鼓掌，童童也跟着鼓掌。通过 12 分钟的全班学生分享，学生们对文本的理解越来越深刻，很多观点在同伴中得到共鸣和回应。通过对同伴观点的倾听，学生们在原来的基础上优化自己的观点。康康最后的表达与之前他在组内讨论中的观点相比，已经有了很大的提升。童童在认真倾听其他同学观点的同时，能够娴熟地找到同学所讲的段落，并且做上标记。他的脸上不再有迷茫困惑的表情，而是越来越淡定从容。他感觉自己已经能够跟上同学们的节奏了，默默地跟随、倾听、标记、揣摩。在他的脑海里，卖火柴的小女孩的形象已经越来越清晰了吧。

听完全班同学的发言，周老师问道："小女孩想到的盘子、烤鹅是渴望食物和温饱，那么想到圣诞树渴望什么？"有的学生说是"渴望美丽"，之前没有发言的一个女同学主动站起来，康康把话筒递给了她。她说："圣诞树说明小女孩渴望别人对她的关心，因为她从小就是个孤独的小女孩。我觉得这里也做了一个对比，就是富商家的奢侈生活与小女孩的贫穷境地形成了鲜明的对比。小女孩很孤独，她渴望礼物、快乐、幸福和别人的关心。"周老师说"很好"。女同学再次补充道："小女孩'飞到那没有寒冷，没有饥饿，也没有痛苦的地方去了'。这里用排比写出了残酷的现实世界。因为如果小女孩活在世上的话，就只有寒冷、饥饿和痛苦，小女孩的幻想和她的真实生活形成了鲜明的对比。这充分说明了当时社会的黑暗。"女同学的同桌拿起话筒说："我想质疑，刚才有同学说第 1 自然段写小女孩的大拖鞋被男孩子抢走，说明小女孩的善良。我认为这不是为了说明小女孩很善良，而是要说明当时黑暗的社会，有钱的人什么都可以做，穷人是很可怜的，小女孩很无助。"随着对文本理解的深化，学生们原来的模糊认识变得越来越清晰，对于其他伙伴观点的感知和评价也越来越准确，将对文本的理解编织成细密的网络。周老师捕捉到了这个机会，她说："倾听意味着一边听，一边和自己对话，和别人的观点产生碰撞。这是最高阶的学习。"同学们的分享依然在继续……

接下来，学生们开始着眼于对小女孩的命运与社会之间关系的探讨。一个男同学站起来说："请同学们看第4自然段，'她在一座房子的墙角坐下来，蜷着腿缩成一团。她觉得更冷了。她不敢回家，因为她没卖掉一根火柴，没挣到一个钱，爸爸一定会打她的'。这是对小女孩的动作和心理描写，写出了小女孩生活的艰苦。小女孩这么可怜，也没有人来买火柴，揭示了旧社会的黑暗。""我还想说第11自然段，'她死了，在旧年的最后一夜冻死了'，这句话说明小女孩无法跟新年见面，写出了小女孩的贫寒，也突出了社会的黑暗。这是作者安徒生在控诉社会，他想要呼吁社会去关心一下这些可怜的孩子。"这时候康康再次站起来，说："我对她的说法有些异议，这不是衬托小女孩的贫寒，我觉得是说出了当时穷人的生活多么不易，而不是单单在说一个小女孩。我感觉小女孩是当时广大穷人的一个缩影。"这时候刚刚发言的女同学意犹未尽，她说："刚刚的第11自然段，说小女孩两腮通红，嘴角带着微笑。这里的神态描写并没有写到小女孩临死前的痛苦，而是用微笑来面对死亡，这是作者的匠心，希望给读者一个深刻的思考。"童童认真地听着，不停地圈画着，有时候停下来，咬着笔，有时候目光投向发言的同学，眉毛微蹙，若有所思。

学生的发言告一段落，观察员们窃窃私语，学生们的发现和发言让老师们感到无比惊喜。他们不但能够看到小女孩悲惨的身世，看到小女孩的无助和渴望，还能够看到这个小女孩的遭遇与当时社会的关系，看到小女孩代表了当时众多人的生活困境。学生们还会自己分析总结描写手法和作者的匠心之处，这些在老师们看来应该浓墨重彩好好讲解的地方，学生们却如此自然地体会和表达出来，思考独特、语言精到、情感饱满。他们虽然与小女孩所生活的环境完全不同，却能够通过安徒生生动的笔触，与小女孩产生深刻的共鸣，这是作为观察者的老师们完全没有料想到的。

三、在全班共同探讨写作方法的魔力时，童童"意外"得到了第一次发言的机会

周老师说："这是170多年前安徒生的作品，作者在写作上运用了怎样的方法，如同有魔力一样，让我们能够深切地感受到小姑娘的遭遇？"康康说："作者用的写作方法是幻想和实际来回切换，擦亮一根火柴就产生一个幻象，火柴熄灭了就回到现实，小女孩的幻想一次次被现实打破了。"一个小姑娘接着说："这种写法叫'虚实结合'，我想突出的一点是残酷的现实和美好的幻想是无法同时存在的，这更显出当时社会的残酷。穷人是无法过上幸福的生活的，他们只能通过幻想才能生活在美好的世界里。"周老师说："这就是现实和幻想之间的对比，最主要的写作方法是'对比'。再给大家一些时间，继续阅读课文，在文中用波浪线画出对比的句子，并写下对这些对比的理解。"

童童跟随同学们的发言和周老师的指导，继续在课文中寻找对比的句子。这一次，他很自然地在文中找到一个个段落，并且用铅笔画出来。虽然对他来说准确地批注依然是困难的，但是他的表情轻松了许多，已经可以安心地学习了。5分钟的阅读和圈画之后，周老师请之前没有发言的学生发言。学生们开始鼓动身边的同伴来发言。此时，一个男同学站起来说："我想说的是第4自然段的第三行'爸爸一定会打她的'，还有第9自然段的第二行'奶奶出现在亮光里，是那么温和，那么慈爱'。爸爸对她的不好和奶奶的温和慈爱形成了对比。"这时候周老师说："爸爸的'不好'能不能换一个词？这是个怎样的爸爸？"周老师一边问，一遍快速地走到童童跟前说："我让童童说，他刚才有发现。"然后拍着童童的胳膊，童童没有来得及站起来，模模糊糊地说了一句："这是一个狠心的爸爸……"周老师马上说："大家听到了吗？掌声给到他。"其他同学还没有弄清楚童童的发言，于是周老师又重复了一遍说："这是一个狠心的爸爸。"同学们一边为童童鼓掌，一边投来羡慕的目光。童童在书上涂涂画

画来平复紧张的心情。这是他第一次当众发言。虽然他并没有觉得自己的发言有什么了不起，但是很明显，周老师和同学们对他的发言给予了充分的肯定，这对童童来说是完全出乎意料的，这幸福来得有点突然。他继续跟随同学的发言，在书上圈画着。

这一次，周老师主要是让从来没有回答过问题的学生来表达。这些孩子往往是缺乏信心的。周老师鼓励说："80分钟的时间一次都没有机会发言的话就太亏了，机会不能总是被别人抢了去。"然后，她请第一排从未发言的小男孩来发言，但是小男孩说："我找的好像不是对比。"周老师说："没关系的，不是对比也没关系，只要是你想说的就可以，只要开口就行。"这个戴眼镜的男同学站起来，快速地说出了自己的观点。他对前后文的两个"幸福"进行了对比，这是一个非常难发现的地方，这个男同学竟然读得如此细致。周老师让同学们把掌声送给这位男同学。这位男同学和童童的情况相似，从来不敢主动发言，但是如果老师给到机会，他也是愿意去尝试的。事实证明，他们的回答是非常棒的，他们只是因为缺乏自信，不敢主动站起来争取机会。周老师所创设的平等发言的机会，给弱势学生以优先权的做法，让童童这类学生得到了极大的鼓励，让他们知道自己也是可以思考的，他们的观点也会得到掌声。因为获得了同样的发言权和学习权，童童和戴眼镜的小男孩的脸上开始泛起了笑容。同学们继续发表自己的观点，每个人都得到了发言的机会。学生们想到了很多对比：天气寒冷和想象温暖的对比，人们对小女孩的理解和小女孩真实感受的对比，旧年的大年夜和新年的太阳的对比，等等。周老师不由自主地为同学们源源不断的发现而喜悦，给学生们点赞。学生们对文本的理解如此深刻，语言如此自然、美妙，如同清泉在林间流动，才思泉涌说的就是这样的一种感受吧。

笔者不断地被学生的观点震撼着，因为他们的发现和表达不断超越着自己的认知和预想。

四、朗读是对文本的第二次创作，童童也参与到创作之中

接下来是朗读时间。周老师认为："朗读是对文本的二次创作，如果能够读得好，说明对文本真的理解了，文本中美妙的话语就深深地刻在学生的心里了。"周老师朗读现实的部分，学生朗读幻想的部分。有男生和女生的领读，还有男生齐读、女生齐读。在优美的音乐声中，周老师和学生们朗读起课文来，学生们都沉浸其中，童童扮演男生齐读的角色。经过前面的酝酿，他在课堂上已经非常适应了，而且也默默地跟着老师的节奏，一直跃跃欲试。虽然在真正读的时候，他的声音并不大，但是站起来的时候，他脸上的兴奋是无法抑制的。还有一位叫晨晨的小男孩，他平时从来没有领读过课文。这次被周老师叫起来领读一段，他本来是非常害羞的，蜷缩在桌子边上，因为周老师认定他了，也只能硬撑下来。到他领读之时，他几次站起来又蹲下去，忐忑不安。这时小伙伴在边上给他鼓劲——"加油，加油"，给他鼓掌。晨晨说："我怕读不好。"周老师说："只要有勇气读就是好的，宝贝，相信自己。要不，我跟你一起读好不好？"说着周老师站在晨晨侧边，身体前倾，轻声陪着晨晨读。晨晨终于发出了声音——"她又擦了一根。火柴燃起来了，发出亮光来了……"在齐读的时候，学生们已经完全沉浸在朗诵般的语言所营造的凄美的故事中了。他们神情凝重，情绪饱满，仿佛在亲自体验小女孩的生活，想要去拯救小女孩。童童的声音很低，只能看到他的嘴轻轻地动，但眼睛中有了光亮。

五、现场小作文，童童一气呵成，并在全班同学面前大声朗读了自己的作品

朗读结束后，周老师给同学们布置了一个课堂小练笔：如果小女孩又划着了一根火柴，她所看到的是什么景象。周老师对任务进行了简单说

明,让全班学生现场写作。令我惊讶的是,默不作声的童童迟疑了5秒钟以后,就迅速开始了写作。最初他把手盖在学习单上,我看不到他写的是什么。我能看到的是他几乎没有任何停顿,一气呵成地完成了一篇小作文。谁会想到刚刚上课的时候连默读批注都有困难的童童,竟然已经可以流畅地写现场作文了!

6分钟后,进行全班分享。周老师敏锐地找到第一排没有机会发言的一位男生。男生有点忸怩,周老师说:"大胆地读出来,因为我发现你写得非常细腻、生动。"这位男生站起来,头深深地低着,不太熟练地读了一遍自己的作品。他想象的是小女孩划着火柴,见到了野兔和小鸟。他读完坐下来,周老师说:"卖火柴的小女孩看到了如此美丽的、充满生机的大自然,这么棒的作品,为什么不敢读呢?"男生不好意思地低声说:"因为我的作文写得不好……"周老师拿过男生的作文本,转向全班学生说:"你们说这样的作文写得不好吗?"同学们大声说:"很好。"周老师说:"听到你同伴说了吗?很好,非常好,十分好,特别好,听到了吗?孩子,要对自己有信心。"然后,周老师来到童童这一组,请童童对面的女同学发言,女同学表示自己还没有写完。观察员老师示意周老师提问童童,于是周老师来到童童身边说:"你早就笑眯眯地看着我了,你早就写好了,来读一下你的作文。"童童如同撒娇一样地说:"我没写好呀。"周老师说:"你写多少读多少嘛,你都快写满了,还说没写好,那么谦虚。宝贝,来读一下,要不然我帮你读吧。"童童竟然主动抢过了话筒,在座位上读起来。可能因为过于紧张,他竟然忘记站起来,也忘记了开话筒,腿在桌子下面猛抖。周老师帮他开了话筒,让他站起来,以便让全班同学都能看到他、听到他。他快速地读出了自己的作品:"她再一次擦燃了火柴,火柴燃起来了,她看见在火光中有一座高大的房子。房子很大,上面有各种各样颜色的瓦片,门是由金色的铁做成的,上面有各种各样美丽的花纹。门口有一棵巨大的树,上面有各种各样的食物和各种各样美丽的礼物,包着彩色的丝带。她刚想走过去,就在这时候,火柴又灭了,她的眼前又变成了寒冷而宽厚的墙壁。"听童童把文章读完,同学们自发地鼓起掌来。周老师补充说:"哇,这个小女孩就是把这里想象成自己的家。这么棒,你为什么不读呢?我发现我们班的学生特别谦虚,过于谦虚了,写得那么好的两个孩子都不敢站起来。"童童抿着嘴、眯着眼,默默地笑起来,笑容一直挂在他的脸上。其他同学在读作文的时候,童童也是笑眯眯地听着。他的右手轻轻地搭在自己的姓名牌上面,或许内心正在为这个名字感到一丝丝的骄傲吧。

周老师说:"大家写得都非常棒。你们所描写的小女孩的幻想都是你们已经拥有的,你们也特别美好和善良,因为这些是小女孩所没有的,所以你们想把这些给到这个可怜的小女孩,是不是这样的?"学生们不停地点头:"嗯,是的。"周老师接着说:"生活从来都是不完美的,人生也从来都是不完美的。将来的某一天,当你在生活中遭遇不公平的时候,当你遭遇不幸和苦难的时候,一定不要忘了那个在黑暗中依然擦亮火柴、寻找光明和幸福的卖火柴的小女孩。谢谢孩子们,谢谢。"话音刚落,全班响起了热烈的掌声。课结束了,学生们仍不想离去。他们不舍得那个卖火柴的小女孩,不舍得这个温暖的课堂。

在这次课上,笔者结识了这个叫童童的小男生,也通过他不断地串联起笔者曾经在课堂上遇到的许许多多的沉默学生。童童的变化,让我们真真实实地看到了这些学生转化的可能性。刚开始上课,童童连基本的默读都非常艰难,书都不敢放下去,一心要用立起来的书掩饰自己的不安。周老师通过观察,迅速发现了童童学习方法上的问题,给了他非常具体有效的指导和帮助,并通过点赞、摸头的方式来安慰和鼓励他。慢慢安心的童童能够默读,也能够跟着同伴的发言找到相应的段落,用铅笔画出文字,有时候还能进行简单批注。在长时间分析文本的过程中,童童一直都是紧紧跟随的,没有倦怠和放弃。当周老师有意给他发言的机会时,他迅速而简洁地回答了周老师的问题,这说明他是非常专注的。这次意外获得的发言机会,让童童对自己的解读更加自信,而且还积累了发言的经验。在分角色朗读的过程中,童童也是参与其中的。虽然他读的声音并不响亮,但他的专注和投入是非常明显的。默读、圈画、批注、分享、分角色朗读的积累，让童童充分理解，也让他对小女孩的遭遇产生了强烈共鸣，最后迎来了童童的"高光时刻"。他在课堂练笔环节迅速写出了小作文，而且得到了一次面向全班同学朗读自己作文的机会。这次他的表现非常自然而稳定，令人刮目相看。不但是童童，还有几位在班级中较少发言的男同学，他们或是认为自己朗读得不好，不能领读，或是认为自己的作文不好，不敢面向全班同学读出来。在今天的课堂上，他们都超越了自己最初的状态，迈出了很关键的一步。正如周老师所说："你们是很棒的。"这些看似"弱势"的学生，他们的内心世界也渴望温暖和光明。他们一次次地划着火柴，所不同的是，周老师没有让他们的火柴熄灭，而是让他们用火柴点燃了火把，每个人都能够享受到这份温暖和感动。当我们苦苦寻找"弱势学生"逆袭的方法时，周老师和童童们拿起火把为我们照亮了前路。

弱势学生最典型的心理特征是"习得性无助"，伴随强烈的自卑感。他们曾经对学习充满渴望，也为此付出了很多努力。但是因为各种各样的原因，他们在学习中常常遭遇失败，或者说他们的成功经验远远少于班上的优秀学生，遇到困难所发出的求救信号没有得到及时、有效的回应。这使得问题一直没有得到解决，让他们对自己逐渐失去了信心。这些学生会把学习上的失败归结到自己的智力和能力方面，认为自己本来就不具备学习的能力，无论如何努力也无法取得成功，因此逐渐放弃了努力。要提升这些学生的学习能力，首先要打破他们认为自己学习能力不足的心理定势，让他们找到自尊感和自信心，改变心理上的弱势，知道自己的学习能力并不差。童童以及几位同学在周老师课堂上的变化正说明了这一点。

周老师的教学方法为什么有如此的魔力？是因为她在课堂上做到了充分的倾听与尊重。她给学生充分的时间进行自主的阅读、圈画、批注和交流，给予每位学生发言和表达自己观点的机会。对于童童这样缺乏学习机会和表达机会的学生，周老师给予他们"若无其事"的优先权，给予他们精心的指导，给予他们更多的信任和鼓励。周老师总是说："我无限地相信学生。"学生确实总是给她惊喜，周老师能够看到这些学生对学习的渴望，看到他们的学习潜能。正是因为感受到了周老师"无条件的信任和爱"，这些学生内心渴望学习的种子萌发了，冲破了思维定式和心理弱势的原初状态。他们敢于走出第一步时，就会不断地得到正向反馈，终于开始认识到自己的学习能力，并将这种相信转化为现实。观察了数千位学生的学习历程后，笔者越来越坚信，每个学生都有强烈的学习需求，也都具备强大的学习能力，只要教师有足够的耐心和信心，并且能够用各种方式将这种信心传达给学生，他们的学习能力就会真实地表现出来。如果说学生真实的学习能力是一座冰山，学生表现出来的或者被我们看到的只是冰上一角而已，海平面之下潜藏着无比巨大的力量。从根本上说，不断地倾听和发现学生的学习需求，给予他们有效的回应，让学生产生学习的力量感和成就感，就会唤醒学生沉睡的潜能。

原来，"无限地相信他们"竟然就是弱势学生逆袭的最大奥秘。

从学习设计到真实课堂：
教师的自我挑战与持续修炼

马蓉 [①]

上完《手指》这节课后，我收到很多反馈。

"马蓉老师在我们班上过《手指》这节课，她耐心倾听，对所有学生都很关照。在她上过课之后，我马上调整了座位摆放方式和学生的学习方式，尝试两天就有一种全新的感觉。总体感觉，因为有了学习共同体的发言规则和机制，每个孩子都能被关注到，整体氛围是安全舒心的。今天我观察的昊暄同学应该是班级里学习力比较强的孩子，懂思考、会倾听、能分享，随时听、随时修正、随时批注。"说这话的汪晴老师是一位沉静细腻、善于反思实践的青年教师。她班级中有个男孩隔天遇到我，还天真地问："马老师，你什么时候再来我们班上课？就像《手指》那么有意思的课。你一定要来啊！"感动之余，心里直打鼓，不知道这孩子是否记得学期初，我在他们班战战兢兢上完的《军神》。

工作室中听过我两次执教《军神》的金凤老师，一下课就有些兴奋地鼓励我："你们班学生倾听、发言的状态，整个课堂的生态，变化真的

[①] 课例文章作者系北京亦庄实验小学教师。

很大,以前总想抢着说的几个男生明显更擅长倾听了……"李杰老师说:"我是第二次坐在添一同学身边(添一同学的专注力弱,行为问题容易引起他人关注,中年级以来不容易跟上课堂节奏,语文学业成绩很难合格),他今天看起来没听,其实听了,而且有收获。他这节课获得了两次发言机会。当佳桦同学发表关于'大拇指'的观点时,他一直在看自己的大拇指。天鹅之家[①]的课堂生态变化肉眼可见!"

在教学的第七年,正经历着课堂多种困境的我与学习共同体相遇。感恩这些可爱的孩子和可敬的教师伙伴,让我重新找回教学勇气。伙伴们反馈了课堂中对学生的观察,我既从学生学习状态的变化中了解到课堂生态的改善,更了解了促进反思调整的真实学情。那么,这节课是如何设计、落实的,才带来了课堂学习的诸多改善,那要从老师们在工作坊中共同设计"三单"(预习单、学习单、作业单)说起了。

一、基于共同备课,精心设计"三单"

选择《手指》共同备课,是因为我们感觉对这篇课文的教学难以下手。在协同备课的过程中,我们明显感觉到:在很短的时间内,对这篇文本做教学解读的畏难情绪消退了,教学灵感和创意设计油然而生。

备课先从各组老师们独立解读、确立目标以及设计基础性问题和挑战性问题开始,然后组内交流,碰撞出适切的学习目标表述,以及"三单"中问题、任务的呈现方式。

譬如,我们初步确立的字词掌握之外的学习目标为:

1. 能感受语言的风趣并尝试表达自己的阅读感受。
2. 能整理五根手指的特点、作用并做出评价。
3. 能联系生活想到五指象征生活中的哪些人,相对全面地看待周围的人,并产生团结一致、协同合作的意愿。

[①] "天鹅之家"是马蓉老师当时所教班级的班名。

4. 仿照课文的表达特点，尝试用风趣的语言来写人的五官。

具体到问题和任务设计，比如预习任务一："在手掌图中，照样子梳理手指的特点和作用"，而后，"你觉得文中关于哪根手指的描写最有趣？请给它画上戒指，并摘抄相关语句"。这一设计着眼于学生初次阅读文本的整体感受。他们要为自己认为最有趣的手指"戴戒指"，就需要通读全文后回忆再现或再读关于每根手指的描写，然后做出自己的选择。如此，学生学习变得活泼有趣，同时初步解决了"五根手指分别有什么特点（样貌、性格）及作用"这一课堂上需要反馈的基础性问题，课后题"摘抄语言风趣的语句"也一并落实了，为接下来课堂中要探讨的核心问题"五根手指分别让你想到了生活中的哪个人或哪类人（我认为这本来是一个基础性问题，但也是学习中的难点，需要师生共同冲刺与挑战）"架起了攀爬的梯架。

其实，课后题只要求交流"作者笔下的大拇指和食指分别让你想到了生活中的哪些人"，而旧版教材中的问题则是"作者笔下的五根手指分别让你想到了生活中的哪些人"。我暗自思量：中指所代表的是什么人，这里存在迷思，也是学习的难点所在。无名指、小指代表爱好文艺、体育的人，或文娱体育工作者，这是现实社会中一个重要的圈层，信息时代成长起来的孩子们对此并不陌生。有可能在前期实践中，这一问题的教学遇到了困难，所以教材做了修订。但依我们班孩子"打破砂锅问到底"的习惯，他们读到中指部分一定会产生疑问，有疑问就不容回避，试着挑战冲刺一下也无妨，毕竟，课后题的解决并不是语文学习的天花板。

"你觉得作者偏爱哪根手指？你呢？"这是本课三个问题中唯一一个课后题中没有出现但值得冲刺与挑战性的好问题，其前半部分的表述来自工作坊共同备课时另一个小组的成果。预学部分"现在我最想问的问题"中，也有几位学习力较强的孩子，提出了同样直指文章主旨的问题。例如，宇桐同学问："为什么一开始说了五指的不同特点，最后又说了这五指不分美丑呢？有什么意图吗？"学生需要在解决完前两个基础问题后，再次回顾全文，联系生活并结合自身的认知经验，触发对世界、他人和自己的意义与关系的重构。换句话说，这个问题指向：作者通过这些内容，想要表达什么？跟我有什么关系？在作者的情感、态度、价值观之外，学生、教师自己的情感体验和价值观念同等重要。这需要教师与学生基于彼此的倾听、对话、协作，共同创生或者追寻一节课或一个问题的最优境界。而后，课堂上的每个人才能超越这节课学习之初的自我认知，产生真实意义上的学习，实现教学相长。

基于教师伙伴的共同备课，《手指》一课的学习目标和三个核心问题已经诞生，接下来需要精心设计"三单"（见下页图 3.1、图 3.2），支持学生的预学、课堂学习以及作业中的巩固和迁移。

首先，我将"预学自我满意度"置顶：一颗星——我完成了预学任务；两颗星——我阅读了每一项要求，努力完成了本课的预学；三颗星——我仔细阅读每项要求，用心完成了本课的预学，书写认真，有成就感。三个星级既是教师要求的呈现，也让学生在学习初始阶段对自我提出期待，而不是把预学当作教师让他们完成的任务，大概率可以避免学生敷衍了事。

接下来，预学单的第一项内容包含前面提到的基础问题：在手掌图中，"照样子梳理手指的特点和作用"，以及"你觉得文中关于哪根手指的描写最有趣？请给它画上戒指，并摘抄相关语句"。预学单的第二项是对前面所学丰子恺文章的回顾填空，接着设计了同伴二人互测互学的生字、词语预学表格，难点生字的手写字体示范，写一遍生字的田格，以及"现在我最想问的问题"。教师在课前对预学单进行了收集，并根据学生学习需求将其反馈在课堂学习的最初、中间以及最后。其中字词的预习及后测，在预学单和作业单中一前一后呈现，同时课堂学习中的"预学反馈一"环节是重点字词的互动学习，以此确保学生掌握。

后来在课例研讨时，细心的冯会娜老师发现：预学单页脚处嵌入了"单元导语"，嵌入式设计利于在非正式学习中渗透本单元强调的"风趣和幽默是智慧的闪现"。在预习单的生字词部分，二人合作有互评和学习指导语；同时，课堂中的评价语和串联点拨，与预学单中的任务联系紧密。因此，她说："我们手中虽然没有预学单，但也清楚老师和学生是在做什么。"

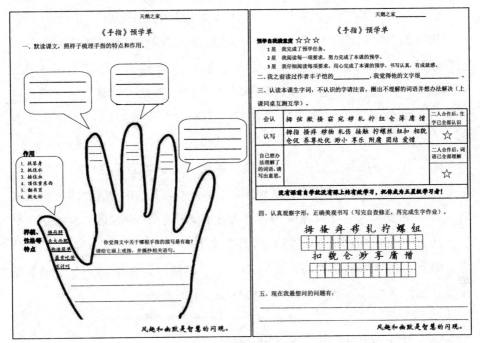

图 3.1 《手指》预学单

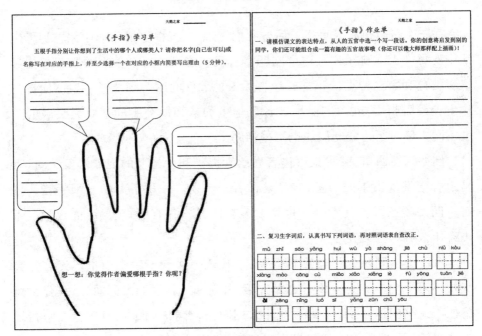

图 3.2 《手指》学习单和作业单

学习单同样是一张手掌图——"五根手指分别让你想到了生活中的哪个人或哪类人？请你把名字（自己也可以）或名称写在对应的手指上，并至少选择一个在对应的小框内简要写出理由（5分钟）"。手掌心嵌入挑战性问题："想一想：你觉得作者偏爱哪根手指？你呢？"课堂中，率先完成学习单的同学，可以先行思考挑战性问题，以此兼顾不同学习水平的学生。

作业单则是挑战之二——"请模仿课文的表达特点，从人的五官中选一个写一段话。你的创意将启发到别的同学，你们还可能组合成一篇有趣的五官故事哦（你还可以像大师那样配上插画）！"最后是"复习生字词后，认真书写下列词语，再对照词语表自查改正"。第二天，老师复批词语。课上，选择相同五官写作的同学一起分享修改，并推选一个最精彩的片段，加上开头、结尾，全班当堂协作展示五官故事。

二、基于问题挑战，齐心冲刺学习

在三个班级执教《手指》后，我们发现，"五根手指分别让你想到了生活中的哪个人或哪类人"这个问题富有现实意义，每个学生的联想都独具班级特色和家庭特点，非常有趣。关于挑战性问题——"想一想：你觉得作者偏爱哪根手指？你呢？"，各班学生的认知冲突不同，对话突破的角度不同，最终所达成的认知也不尽相同。

例如，在四班，"我觉得作者喜欢大拇指和食指"的观点触发了对话，马上有同学发出不同声音："可是作者开头说'一只手上的五根手指，各有不同的姿态，各具不同的性格，各有所长，各有所短'，后面也说'不再有什么强弱、美丑之分了'。"

六班学生则从这样的声音开始："我认为作者不欣赏中指、无名指和小指，因为中指'实际并不出力'，无名指和小指'能力薄弱'，没什么用嘛！"我笑问孩子们："真的没什么用吗？"同学们很快发现："'中指因为身体最长，取物时，往往最先碰到物'，他看起来不出力，其实有自己的长处和价值。"接下来，无名指、小指的独特价值也被同学们逐渐发现并认同。

在我们班，身材瘦小、声音细弱的啸宇同学率先得到组内推荐。他说："我们组认为恬恬、书宇、思扬、白白、盛盛、添一像是大拇指。"我说："你们有没有发现，他们组关注了大拇指哪个方面的特点？"同学们答"体形"。昊暄补充道："大拇指更像打工人，他们的工作很累，最肯吃苦，总是为别人服务，也不讨巧。"佳源却说："我和苏苏都认为，大拇指是社会基层、蓝领，而不只是打工人；食指是社会中层，比如医生、消防员、警察、军人这些人。"苏苏接着说："中指是高层管理者，他们只用'最先碰到物'，也就是作为方向的引导者，找准方向，之后退到一旁……"二人一番相互补充，对社会现象发表了自己的理解，引发了大家长时间的对话。苏苏甚至还引用了毛泽东关于社会各阶级的分析，超出了大部分同学现有的认知。虽然学生们很难达成全面共识，但是对于"五根手指其实就是社会的各个圈层，比如蓝领、管理层和娱乐圈（文娱体育）"这一点，同学们都能理解，而且各自都由"五指"想到了生活中的很多人和现象。鉴于时间和学习目标的达成，我收拢了话题："暂且不论阶级，自古以来人人分工不同，每个人找准自己的位置了，就能成就最好的自己，拥有幸福人生。"而后邀请大家回到文本，关注这一问题："作者写这篇文章到底想要表达什么？作者有没有偏爱哪根手指？"

雨彤同学关注到了文中的最后一段话："手指的全体，同人群的全体一样，五根手指如果能一致团结，成为一个拳头，那就根根有用，根根有力量，不再有什么强弱、美丑之分了。"承承同学举手后慢吞吞地说："他们每个有每个的分工……"想到以往承承公开课上从不发言，我立刻在课文大字海报上置顶板书"分工不同"。宇桐同学受到承承的启发，接着举手："作者不只是在结尾表达了自己的观点，在第一自然段也说'一只手上的五根手指，各有不同的姿态，各具不同的性格，各有所长，各有所短'。"此时，问题已经不言自明，前面关于五指代表哪些人的讨论，促成了对文章主旨的明确认识。我邀请最后一名没有发言的天祐同学读出："手指的全体，同天鹅之家的全体一样……"

"社会各个阶层"是我在备课时没有认真考虑的，因为我在潜意识中以为十来岁的年纪无法理解"人群的全体"其实就是"社会的全体"。我以为最后将学习的终点放在文章结尾这段话，勾连校园里的班级生活即可——"手指的全体，同天鹅之家的全体一样，五根手指如果能一致团结，成为一个拳头，那就根根有用，根根有力量，不再有什么强弱、美丑之分了"。这时我才意识到，接下来挑战性问题的后半部分"你呢？"是孩子们一时解决不了的难题，他们今天大多能发现我和身边的同学、亲友更像哪根手指，但自己想要成为哪一类人，却是未来需要面对和选择的真实生活。

这次与孩子共同冲刺挑战的对话过程，使我想到了佐藤学教授提出的教师必须遵从的三种规范——尊重每一位学生学习的尊严，尊重教材的发展性，尊重自己的教育哲学。① 教师自身的哲学和解读极为重要，在此基础上，再将精力倾注到"由每一个儿童的声音相互关联而形成的整体声音的倾听之中"，才可能同时尊重儿童的多元和文本的张力。

回想课例研讨时，年轻老师王萱蓉的问题"为什么孩子不管说什么，你都能应对并且拉回来"，当时我并没有想明白，只是回应她："感谢您的鼓励，我也是刚刚找回教学勇气。孩子的发言没有好坏对错，扯开的时候，可以说一句话'邀请孩子们回到文本'收拢。"回到文本只是给孩子和教师提供了"反刍"的时间和机会，而教师不懈追求这三种必须遵从的规范，在对自身和课堂的全面觉察中刻意练习倾听，才可能保证教师与学生、文本之间达到某种精妙的平衡与创生。课堂中，我们常常担心孩子们把话题"扯"开，但这往往是学习真实发生的重要契机，需要师生协同冲刺，发起学习的挑战。正如佐藤学教授在《教师的挑战》尾页写下的这段话："只要是教师和儿童未能合作展开挑战，那么，实现每一个儿童的学习权，保障每一个儿童的'冲刺与挑战性的学习'就是一句空话。"②

---

① [日]佐藤学.教师花传书[M].陈静静,译.上海：华东师范大学出版社,2016：139-140.
② [日]佐藤学.教师的挑战[M].钟启泉,陈静静,译.上海：华东师范大学出版社,2012：147.

三、基于发言机制，一心保障公平

语文特级刘丽萍老师发现："第二课时发言的好像都是'好学生'，怎么确保每个孩子的学习参与权？"

保障每一个学生的学习权，这是我们探索实践学习共同体的初衷。为此，营造班级倾听关系和形成合理的发言机制是关键。这一学期我反复给孩子传递"倾听比发表更重要"，这是"被动式的主动"。基于发言规则和机制的保障，第一课时中绝大部分同学已经公开发言过，并且每一位同学都在组内和同学做了交流。本课三个问题的讨论规则都经过了精心设计。

例如，"预习反馈一"难点字词的互动学习指导之后，"预学反馈二"环节"五根手指分别有什么特点（样貌、性格）及作用"的讨论规则是：

1. 5分钟里每人主分享一根手指（大拇指可略过，学习单中有示范）。
2. 同伴相互补充，并修改自己的预学单。
3. 稍后请一个小组主分享，其他同学可补充。

对于"你觉得文中关于哪根手指的描写最有趣？请有情有趣地朗读你摘抄的语句，并说出你的体会"，我对每一位同学发出了邀请——"给大拇指戴了戒指的同学，请先起立。如果同学的发言跟你想的相同或相似，请为自己和对方点赞再坐下；如果不同或有补充，同学说完之后，你可以接着说"。其间，每个人都经历了起立和坐下，即便有的没有发声，但他们坐下之前都会被老师"看见"，给予他们眼神、微笑、点头或点赞等姿态的回应。

再如，"挑战运用一"环节"五根手指分别让你想到了生活中的哪个人或哪类人？请你把名字（自己也可以）或名称写在对应的手指上，并至少选择一个在对应的小框内简要写出理由（5分钟）"的发言规则是：

1. 写完后组内先交流。
2. 推荐组内尚未发言的同学代表小组陈述。

3. 同学的分享跟你相似，请点赞；如有补充，请给出手势，尚未发言者优先。

这时学力较弱的啸宇同学就得到了小组优先推荐，在这轮对话中第一个发声。后来我发现，这节课刘一同学、美熙同学没有发言，因为在 U 形座位的内圈巡视时，刚走到她们小组，就被恬恬小组的声音引开了，没有关注她们这一轮的组内讨论。据陈加会老师的课堂观察，这两个安静的小女生虽然没有公开发言，但她们在小组里每一轮的学习、交流都非常认真，学习权也得到了保障。

我们班级的发言机制基本可以总结为：学习容量较小的文本（例如古诗）全班学生轮流发言，别人说过的不重复，暂时没想好可以"过"，但下一轮对话时优先发言；学习容量较大时，必须掌握的基础性问题，二人互说互学，或每人写在学习单上再组内交流，并推荐全班分享。教师进行学习设计时，需要考虑学习活动的组织形式，比如各环节的发言、讨论规则；同时，学习单中设有互测互评内容，或者"我的观点"与"同学的观点"书写区域。

清晰的活动环节和发言、讨论规则，应该作为一个过渡阶段。当班级倾听关系稳定下来，规则已然内化于心时，课堂就要淡化环节与规则，比如发言不用举手，教师不生硬地介入，减少评价甚至不评价，让对话默契地轮转，学习自然地发生，教室里就会呈现出思维的流动与对话的交响。

四、基于课堂观察，真心反思沉淀

特别感谢真诚提供课堂关键事件反馈的一位教师伙伴，她在众多善意鼓励执教者的声音中，发出了不同的声响："小组伙伴在说恬恬像大拇指时，教师的回应有没有考虑到保护孩子的自尊心？"原来，在"五根手指分别让你想到了生活中的哪个人或哪类人"的小组讨论阶段，恬恬同学向我求助："他们凭什么都说我像大拇指，还说我又肥又胖？"我开玩笑地拍拍恬恬同学的胳膊，轻描淡写地回应了她，之后便轻轻走开，我以为她是像往常一样寻求关注（她经常借一切可以自嘲的机会把课堂关注点引到自己身上）。直到回看课堂录像，才发现从那一刻起，这一小组始终在"沸腾"，以至于另外两名"涉事"男生在后面的公开发言阶段，还在自顾自地开心讨论，甚至需要公开提醒两次"注意倾听他人"。无疑，这是本节课上的一个关键事件。

当时，我如此相信自己对学生的了解和对他们发言的理解，这位老师为我敲响了警钟。带着隐约的不安，仔细阅读回收的学习单，我发现：居然有多名同学写到恬恬同学像是大拇指的理由，不单单是"身体胖，头大而肥"，更因为她"最肯吃苦"却"不讨巧"。例如，这节课上没有公开发言的美熙同学写道："每次搬音箱的都是恬恬。"恬恬同学是经常主动帮助他们的呀！洛菲写道："恬恬同学在班级拔河比赛中最肯吃苦，责任重。"没错！班级练习拔河时，她竟然背着老师，舍身冒险地把绳子绑到了腰间。在腰部损伤不能上场的情况下，哭喊着"我能上，为什么不让我上"的，不正是恬恬同学吗？而我全然被平日里看她懒于动笔和运动的刻板印象遮蔽了耳目、心智。我甚至没有保护到恬恬同学的尊严，以为她向来喜欢调侃自嘲，引起老师和同学的关注，于是自以为幽默地回敬了她，导致高高和添一对她持久的"津津乐道"，直至两次提醒他们倾听。教师的"自以为是"，何其可怕！再回想，我以为啸宇说那几位同学像大拇指全是因为体型，于是，关于他们性格特点的"对话可能"被阻断了，擦亮他们平日里默默付出、乐于助人优点的机会溜走了，丧失了让孩子们回到生活中进一步理解手指所象征的人群以及他们特质的契机。幸运的是，教师伙伴互助的课例研究，让我得以发现、反思、弥补。第二天课上，当时被阻断的对话和可能存在的伤害，在班级中得以修复。

吴懿纯老师心怀单元学习目标，在课例研究的最后问道："单元语文要素中'感受课文风趣的语言'在这一课通过什么策略落实，上完课之后，孩子感受到语言的风趣了吗？"

回顾《手指》的课堂学习历程，教师主要运用朗读分享与对话讨论、读写拓展与任务驱动的策略。例如第一课时"预学反馈三"：你觉得文中关于哪根手指的描写最有趣？请有情有趣地朗读你摘抄的语句，并说出你的体会。通过朗读分享的策略，加上重点段落第二段六个排比分句的师生协作朗读，我们重点体会了作者的善于举例，以及运用比拟、排比、对比等修辞手法的巧妙。

接着，第二课时"挑战运用二"以任务来驱动：请模仿课文的表达特点，从人的五官中选一个写一段话。你的创意将启发到别的同学，你们还可能协同创作出一个有趣的五官故事（可以像大师那样配上插画），或排演出一台"五官 ××"相声！

之后，在第三课时的五官故事创意写作成果分享中，很多孩子仿照丰子恺《手指》第二、三、四段的语言风格进行创作。令我感动的是，除去写作能力强的孩子，有两组平时理解和表达力偏弱的孩子，下课后兴奋地告诉我她们要协同创作五官故事；前面提到学习吃力的添一同学，当堂独立完成了自己的五官故事，并在全班朗读分享；语文成绩中等偏下的雅萱同学、刘一同学（当天课上没有公开发言的女生之一）主动在习作本上改写誊抄，最终在班刊《鸿鹄翩翩》上发表了《漫画五官》和《神奇的五官》（见图 3.3），获得了仅有的两份丰子恺漫画手账本。

漫话五官

安雅萱

我们每个人都随时随地带着自己的五官，永不离身。各有不同的姿态，各具不同的性格，各有所长，各有所短。

眉毛：眉毛可以为眼睛遮挡风雨，保护眼睛。

天上下雨的时候，为眼睛遮风挡雨的重任就责无旁贷地落在了眉毛上，他的确可以称得上是眼睛的"保护伞"。

鼻子：鼻子在脸上的位置确实是得天独厚，他居于中央，有眉毛、眼睛和嘴巴为他 24 小时保驾护航，享受着天伦之乐。

但是，换一个角度看，鼻子作为五官中的一个重要器官，还有诸多风险呢。例如：厕所的臭气、医院的杀菌药水、汽车的机油，它们飘散出令人窒息的气味儿，也只有他独自消受。食物变质也需要他来鉴定，甚至晚上别人都休息了，他还要独自值夜班，一刻也不能停歇。

嘴巴：他就像一座大山，顶着鼻子、眼睛、眉毛。嘴巴也是五官中比较重要的器官，而且嘴巴还是一位大美女，五官中的网红。说话要用到她，每天主人还会给爱漂亮的她穿一件衣服，有红的，粉的，橙的……如果她作为鼻炎患者的嘴巴，时不时还会值夜班。

眼睛：眼睛在鼻子上面，他在脸上可是C位，位于脸上的中间，上面有头发大军，还有"保护伞"眉毛，下面则有五官中的两位明星鼻子和嘴守卫着，就像刘备身边的文官武将一样。

当然，眼睛还是心灵的窗户嘛，什么秘密都藏不住啦！

耳朵：耳朵虽然在五官中不好看，可却是很厉害的人物。和别人说话得用他，而感谢的可就不是他了。女孩子为了美得用他，可疼得也是他。这就是又厉害又可怜的耳朵。

现在我照照镜子，虽说五官都很重要缺一不可，但我还是喜欢我棕色的大眼睛。

神奇的五官

刘一

每个人都有五官。什么？你不信？不信你摸摸：鼻子，眼睛，耳朵，眉毛和嘴巴。这就是我们的五官，每个人都有，而且随时随地随身带着，永不离身。重点是，每个五官都很忙！

鼻子只有一个，所以他每天 24 小时都在上班，可真辛苦啊。不只这样，他还会被大家忽略。别人说可爱，也是别的"四官"的事，看来讨巧的事，总也轮不上他。但如果他辞职了，那其他四官也好不到哪去。

再来说说眼睛，都说眼睛是心灵的窗户，但眼睛非常地忙，一天起码要工作 12 个小时。每天都要睁开闭上，这可是非常地没趣。不过比起鼻子，那还算什么？但是，如果你的眼睛又大又圆的话，别人就会说你长得漂亮。如果有的人眼睛像葡萄干一样，就是第二种说法了。

现在说的是一对双胞胎，那就是耳朵了。一左一右，他可是嘴巴的好兄弟呢。如果没了耳朵就听不见声音，嘴巴也不知道说些什么。

还有眉毛，他也很重要，为什么呢？因为他是表现神采的重要人物，那些搞怪的表情没了他，可就少了灵魂了呢。

对了，少了一位嘴巴。她可是一位身材火辣的美女，如果再把口红给她的话，那会更美。但她也不会闲着的，不仅早中晚都要吃饭，还要每天说话，多忙啊！

图 3.3　雅萱同学、刘一同学创作的五官故事

刚上完课进行课例分析时，因为没有看完孩子作业单上的创作，所以不确定孩子们上完课后是否感受到了风趣语言中智慧的闪现。当别的班级同学来我班借阅几本丰子恺作品集时，当班级有的同学家中也有了丰子恺作品时，特别是雅萱同学、刘一同学通过自己的努力得到丰子恺漫画手账本时，我想：一个不够幽默风趣的老师，可以通过与孩子们协同冲刺挑战性课题，创设支持挑战性学习的任务和资源，带他们走近幽默风趣的大师，把他们领进自我修行的大门。

《手指》一课虽不完美，但在 80 分钟里，学生协同学习的状态，对话时的串联、反刍，较之从前，让人振奋。当然，教师自身的倾听、串联、反刍能力，还有待刻意练习与沉淀，以促进学生更通畅地与文本（以及客观世界）对话、与他人对话、与自己对话，更为开放地建立起自己与世界、他人以及自身的关系，进而重新建构各自的意义，实现课堂上真实的深度学习。

从《手指》一课的教学实践研究中，我深切体会到一点：语文课堂的深度学习，一定是保障了每一位学生学习权的，师生、生生充分倾听对话的，师生共同冲刺挑战性学习的，并在当下实现了课堂中每个人语言与思维发展、审美与文化认知的持续生长。

"师生共创"的挑战性问题:
让我看到了不同寻常的《老王》

徐晓[①]

要激发学生的学习兴趣和探究欲望,就要设计奇趣而又具有挑战性的核心问题。那么,如何设计挑战性问题呢?从教师的设计思路来说,更加倾向于考虑学科的基本逻辑:教学目标的要求、教材的设计、课时的要求等。所以,在问题设计的时候,往往会出现教师中心、教材中心的倾向。这是当前教学设计存在的弊端之一。因为较少考虑学生的具体情况,包括学生的需求、困境等,所以在课堂教学中,教师又往往将传授现成的、系统化的知识作为主要的追求,而学生则是不假思索地记住这些知识。问题设计来源于教师和教材,上课方式又以传授为主,便造成了一种后果:缺少学生对问题提出、分析、解决、反思的真实历程,学习往往处在一种浅表层面,学习的知识和内容极为有限,课堂教学并不能解决学生的真实问题,从而出现越来越严重的教与学的错位。

因此,提出一个可以"一石激起千层浪"的挑战性问题,激起学生的兴趣,引发学生的思考,畅谈自己的看法,产生思维的碰撞,从而让学习

[①] 课例文章作者系华东师范大学第二附属中学乐东黄流中学教师。

真正发生,这是每一位老师的必修课。

这里以统编语文教材七年级下册《老王》为例,探讨设计挑战性问题的途径。

一、教师的"两生"备课是挑战性问题设计的前提

"两生"是我自创的研读教材的方法,即"把自己当学生""把熟课文当生文章读"。《老王》是七年级下册第三单元的一篇课文,单元主题是"小人物"的故事,旨在让学生在平凡且有缺点的普通人身上发现人性之美。单元学习方法是注重熟读精思,感受文章意蕴。《老王》是我喜欢且十分熟悉的一篇文章,三年一轮回,每一次教都会有不同的理解。所以,在备课时,我以一个学生的角色把它当作一篇陌生的文章来读。

我先认真看了课前的预习提示:"阅读课文,想一想,在作者眼中,老王是一个什么样的人?再读一遍课文,想一想,在老王眼中,杨绛又是一个什么样的人?"我圈画出"在作者眼中""在老王眼中"和"什么样的人",作为初次阅读的重点。

然后,我逐句认真阅读,依次画出能体现老王、杨绛以及二人关系的语句,然后又画出能概括各段主要内容的关键词句,最后画出耐人寻味的句子。比如:"他靠着活命的只是一辆破旧的三轮车""问起那里是不是他家,他说,住那儿很多年了""我没再多问""那是一个幸运的人对一个不幸者的愧怍",等等。在阅读的过程中,我想到了穷苦、命运、不幸、幸运、同情、尊重、平等、金钱与感情,总之思绪很繁杂,感觉这篇课文有很多值得探究研读的点,然而点越多,越无从下手。于是,我开始上网查找杨绛的相关资料。

我认真看了杨绛的生平介绍,发现她的人生是以"文化大革命"为界,前半段重在剧本创作,后半段重在散文创作,而《老王》就是"文化大革命"后写的散文。她对不幸与幸运的解读在《我们仨》《干校六记》等散文集中随处可见。遭受屈辱和亲人离世的她活了105岁,这与她坚韧、

豁达、看淡人生起落得失的心性有密切关系。这样的杨绛到底是怀着一种怎样的心情写下《老王》一文的呢？当年与老王的相识相知过程中，不幸的她坚持给老王钱，她无疑是善良的，但为什么又"感到愧怍"？老王的"善"与杨绛的"善"有何不同？老王的"苦"与杨绛的"苦"又有何不同？

诸多问题的提出让我再次回归文本。"他靠着活命的只是一辆破旧的三轮车"，"活命""只是"里透着杨绛的同情和老王的命运之苦；"他也许是从小营养不良，也许是得了恶病，反正同是不幸，而后者该是更深的不幸"里，暗含着对老王和自己命运的感叹，对当时社会的不满；"问起那里是不是他家，他说，住那儿很多年了"，说明那里只是老王的容身之所，并没有家的温暖……我发现很多问题都是可以从文章中找到依据的，而学生在无法上网查阅资料时是很难深入理解文本的。于是，我摘录了一些资料印在预习单上，帮助学生理解。

按照阅读的过程，我详细设计了预习单，但学习单中的挑战性问题到底如何设计呢？如果把挑战性问题设计为"为什么杨绛说那是一个幸运的人对一个不幸者的愧怍？"，虽然它是文章重点，但总有一种问题凭空落下的感觉，不接地气，回答容易假大空。如果问"老王的苦与善同杨绛的苦与善有何异同"，又觉得问题过于形式化，缺少温度。即便以学生的角色来读课文，我阅读的结果和学生阅读的结果也是有极大不同的。学生们读后会有什么问题？他们又会对什么问题感兴趣？我决定用连堂课来学习《老王》这篇课文，让学生自己提出问题，然后在学生质疑的基础上确定挑战性任务。

二、学生的充分预习是挑战性问题设计的基础

对于语文学习来说，阅读文本、了解内容是进一步学习的前提，更是引发思考、提出疑问的基础。《老王》一文看似平实，实则耐人寻味，而所有的"味"都需要耐心地"读"方可浅尝。基于我们地处农村，学生读

书不深入、习惯依赖资料的通病，我设计了比较详细的预习单，引导学生细读文本。

在预习单（见课例文末）中，问题 1 是让学生了解老王的基本情况，问题 2 是帮助学生了解老王的人性特点，问题 3 则是让学生设身处地产生自己的感受，问题 4 是让学生于文本中发现问题。这是一个由浅入深、由内容到情感、由已知到未知的设计思路，其目的就是让学生一段一段、一句一句地认真阅读文本，从而让问题 4 落到实处。这可能是一种最原始、最没新意的方法，但也是一种最行之有效的方法。

为了保证学生的预习效果，我让学生在课堂上独立完成预习单，规定时间 30 分钟。在观察学生完成预习单的过程中，我发现大部分学生可以顺利且准确地完成前三题，对于个别有困难的学生，则进行个别指点。25 分钟之后，我给每个学习小组发放一张白纸，让他们把问题集中写在白纸上。写完的同学可以阅读资料链接，看有没有新的问题出现，把新问题用红笔补写在白纸上。

直到下课，班里一直保持着安静学习的状态，每个学生都在预习单的引导下看书、思考、书写、圈画，九个小组的问题也新鲜出炉，我让各小组在课间迅速交换问题，并把各组问题写在黑板上，尽量做到不重复。

三、学生充分自学后提出的问题是挑战性问题设计的重要依据

学生最后呈现在黑板上的问题如下：

问题 1：为什么老王临死前还为"我"送来香油和鸡蛋？为什么不把这些送给同院经常帮他传话的老李？

问题 2：为什么第 4 自然段中说"问起那里是不是他的家，他说，住那儿很多年了"？

问题 3：第 5 自然段"他从没看透我们是好欺负的雇主，他大概压根儿没想到这点"这句话有没有什么特殊的含义？

问题 4：第 6 自然段"老王坚决不肯拿钱""我一定要给他钱"，第 13 段老王说"我不是要钱"，第 14 自然段"我也连忙解释：我知道，我知道——不过你既然来了，就免得托人捎了"，老王为什么不要钱？而"我"又为什么非要给钱？

问题 5：第 6 自然段老王不要钱，为什么最后还是拿了钱？

问题 6：第 15 自然段老王不是为了要钱，为什么还"站着等我"给他拿钱？

问题 7：老王病了，开始几个月他还能扶病到我家来，后来只好托同院的老李来代他传话，为什么"我"不去看老王呢？

问题 8：第 21 自然段老王临死前还为杨绛送香油和鸡蛋，但杨绛得知老王死了，为什么却"没再多问"？

问题 9：第 6 自然段为什么"我自己不敢乘三轮"？

问题 10：第 8 自然段和第 16 自然段都暗示老王病得快要死了，"我不能想象他是怎么回家的"，可是第 17 自然段说"过了十多天，我碰见老王同院的老李"才问老王的情况，杨绛对老王真的好吗？

问题 11：从资料上看，杨绛也是一个不幸者，为什么结尾说"那是一个幸运的人对一个不幸者的愧怍"？

问题 12：老王是一个蹬三轮的，杨绛是一个高级知识分子，因为"文化大革命"，两人才认识，在文中老王对杨绛好，还是杨绛对老王好？

学生的问题给了我大大的惊喜，他们能紧扣文本提出自己的困惑，又能结合资料提出更深的问题，这说明他们真正思考了。然而，问题众多，课堂时间有限，问题的筛选、归类、整理就非常必要了。

四、问题的筛选与归类是挑战性问题设计的关键

问题的筛选与归类是培养学生分析能力的重要途径，学生能自主解决的问题就先让他们自己解决。这样既能减少问题量，突出主要问题，又让学生感受到解决问题的成就感。于是我问道："大家的问题太有价值了！出乎

我的意料！自己动手，丰衣足食，哪位小老师能帮大家解决掉一些问题？"

学生们争先恐后地举手，结合课文和链接资料，很快解决掉了问题2、3、7、9，剩下8个问题。我让学生把剩余的问题进行分类，学生很快把问题4、5、6归为一类——都是关于"钱"的问题，即杨绛给钱，老王不要钱，却最终接了钱的问题。问题1、8、10、11、12归为一类——都是关于"情"的问题，即杨绛与老王之间是什么情分的问题。

最后，挑战性问题的核心就整合成两个字——"钱"和"情"。这两个字直接指向本文重点——"这是一个幸运的人对一个不幸者的愧怍"，与我预设的方向一致，质量又高于我的预设。于是，挑战性问题产生了：问《老王》"情"（"钱"）为何物？

这一问题是在学生们亲身经历了提出问题、解决问题、分析问题、归纳问题的学习过程之后得出的，是他们自己的劳动成果。他们品尝到了学习的成就感，也产生了极大的学习兴趣。在小组交流和全班分享时，孩子们有话可说、有话要说。各小组的观点如下。

小组1：我们认为老王对杨绛一家的"情"是真情，是亲情，杨绛对老王的"情"是同情。在杨绛眼中，老王很不幸，很穷困，十分需要"钱"，自己是比老王强的，有知识分子的优越感，所以总是给钱，不愿意占老王的便宜，这是一种"同情"。老王对杨绛是发自内心的感激，以老王的地位，如果不是"文化大革命"，是不可能有机会接触到像杨绛这样的人的。杨绛没有像别人那样看不起他，反而帮助他，这让他在不幸中感受到了善良。所以，他在临死前还要把最珍贵的香油和鸡蛋送给杨绛，这是把杨绛一家当作亲人来看待了，是一种"亲情"。

小组2：我们认为杨绛对老王没有老王对杨绛的"情"纯粹。老王是一个非常老实的人，他说不要钱就是真心不要钱，并不是客套。可杨绛非要给钱，虽然是为了帮老王，但总让人觉得有一种"给了钱就两清"的感觉，也就是说杨绛是不愿意欠老王的"情"的。反过来老王接了钱，就等于是欠了杨绛的人情，所以接了钱转身离开的老王心里是难受的。从这一点来说，老王宁可自己失落难受也不愿意让杨绛难受。

我板书：情＞钱，并追问：杨绛给老王钱的行为是不是对老王的"侮辱"呢？

同学1：我认为不是，对人最大的帮助就是给他最需要的东西。老王需要钱，杨绛给他钱就是最大的帮助，所以后来老王才会如此感激杨绛。也许没有杨绛的钱，老王早就无法生活下去了，他唯一活命的三轮车不能载客了，那个降格为"货"的老先生给的钱很难让老王维持生计。所以，在那种情况下，"钱"不是侮辱，而是活下去的保障。

我板书：钱＝情。

小组3：我们组认为杨绛与老王之间的"情"是对等的。杨绛和老王都是不幸的，老王的不幸体现在残疾、孤苦、穷困、没有家、别人骂他老光棍儿，是一个生活在最底层的卑微的人，杨绛的不幸则是被打成"右派"后受到精神上的侮辱和打击。老王需要钱，杨绛就给钱；杨绛需要尊重，老王就把她当亲人看。所以，杨绛说"避我在情理之中，我没有怨尤。不避我的，我对他们至今感激"。他们都给了对方最需要的，所以是平等的。

我板书：情＝情，然后追问：为什么几年之后杨绛却说这是一个幸运的人对一个不幸者的愧怍呢？

学生2：在第22自然段中，杨绛说她总觉得心上不安，因为临死的老王来给她送香油和鸡蛋，是不求回报的，而她仍然给了钱。但对于将死的老王来说，钱已经不重要了，也许杨绛明白了老王最后是需要她留下鸡蛋和香油，留下他的感谢，而不是继续给钱。从这一点来说，杨绛是感到愧怍的。

我：在最后时刻，老王依然成全了杨绛给"钱"的心安，她是何其幸运！所以杨绛才会说，唯有身处卑微的人，最有机缘看到世态人情的真相。这是在说自己，也是在说老王，这是在卑微处体察卑微，以善良处体察善良，更是在不幸中感受幸运。人与人之间的相处，唯有如此，才能见真情。

和孩子们一起学完《老王》，我深深感到挑战性问题的设计绝非易事，教师自己对文本的解读固然重要，但学生对文本的自主学习和质疑，对问题的分类和归纳更重要。在问题设计的过程中，教师要充分考虑学生的学习需求，学生提出的疑问、困难、兴趣等，都是学习设计的重要参考依据。问题从学生中来，从学生的"好奇"和"未知"中来，对学生自身的学习来说具有重大意义。对于学生来说，提出问题正是学习的开始。在了解学生学习需求的基础上，教师设计脚手架，然后引导学生交流、反思问题解决方案，构建知识模型，进行学习方法的自我反思。这期间，教师要串联学生观点，体现核心概念，最后还要根据学生的学习情况反思和改进学习设计，实现师生共同走向深度学习。

走进学习共同体将近一年了，挑战性问题的设计一直是困扰我和伙伴们的首要问题。但在探究中，我们也品尝到了挑战的成就感和幸福感。虽然对《老王》的解读还有很多不足之处，但经过一个多学期的探索，我和孩子们慢慢找到了一条协同学习之路。也许，共同设计挑战性问题本身就是问题设计的途径之一。

《老王》预习单

1. 老王是一个不幸的人，阅读课文第1—4自然段，根据提示从文中找出相关语句写在下面。

（1）"我"和老王的身份差异及关系：_____

（2）老王的艰难生计：_____

（3）老王的孤苦身世：_____

（4）老王的身体缺陷：_____

（5）老王的寒酸住处：_____

2. 阅读课文第5—7自然段，仿照示例概括作者一家与老王交往的三个片段，说说体现了老王是个什么样的人。

示例：

第 5 自然段：老王为我们家送冰。（老实厚道）

第 6 自然段：

第 7 自然段：

3. 阅读课文第 8—21 自然段，想象当时的画面，写下你看到这一画面的感受，不少于四个词。

4. 细读课文，在文中画出你有疑问之处。

高中语文课堂基于挑战性问题的学习设计

张凡凡 [①]

当今世界,"学习"成为教育研究的重要领域,我国也不例外。《普通高中语文课程标准(2017年版2020年修订)》强调以核心素养为本,推进语文课程深层次的改革,促进语文学习方式的转变。2019年,统编高中语文教材在北京、上海等6个省市率先投入使用。新教材重视整合和实践,强调创新单元内部组织。单元学习任务以核心任务为引领,突出真实情境下的语文自主实践活动。

新课标和新教材的理念要求教师从以讲解为主的课堂转向以促进学生深度学习为主的课堂。教师需要结合学情对教材进行二次开发,以学生的学习为中心,基于学生学习需求进行学习设计。这对教师构成了极大的挑战,其中难度最大的是学习设计中挑战性问题的确立。

作为最早一批完整使用新教材的教师,笔者从2016年开始课堂转型的实践,在新教材的教学和研究过程中积累了一些经验。下面就如何设计挑战性问题这一话题谈谈自己的看法。

[①] 课例文章作者系上海大学附属中学教师。

一、挑战性问题的内涵和价值

挑战性问题是学习设计的难点和关键。学习设计是指从学生的多样化学习需求、认知能力和经验世界出发，设计学习任务框架，并以最合理优化的方式进行组织和呈现，使学生获得更好的学习体验和学习效果。学习设计的主要载体是学习单。学习单一般由基础性问题和挑战性问题组成。前者指向课文的整体把握、重点学习内容的初步认识，学生借助课文、注释、工具书等基本能够解决；后者指向学习重点和难点，反映学生的认知冲突和迷思概念，具有结构化、综合性、复杂性、开放性等特点。就挑战性问题而言，"挑战"在于高于一般要求，需要学生运用高阶思维克服挑战，一般靠学生个人的力量难以完成，要群体互学，协同解决。

学习设计中的挑战性问题和传统教案中的问题不一样。传统教案中的问题由教师按照学科逻辑设计，一个问题接一个问题形成问题链，有时难免琐碎、庞杂。教师对问题的答案往往已有预设和结论。学习设计遵循"少即是多"的原则，以一堂课2—3个问题为宜，如果难度较高，则设计一个核心挑战性问题即可。挑战性问题遵循学习逻辑，契合学生多样化的学习需求，教师往往在课堂上给出充分的时间让学生思考、交流，视学生对问题的看法为重要的学习资源，问题在师生的协同探究中得以解决。

挑战性问题对师生都具有重要的价值和意义。挑战性问题的设计和实施是教师课堂转型的支点，它驱使教师转变教学理念，从关注自己的"教"转向关注学生的"学"，依照学习规律、学习证据而不是教学经验和感性直觉备课。它推动教师研究语文的学科本质，提升问题设计能力，促进专业发展。挑战性问题的有效实施也驱使教师转变身份，从课堂的讲授者转变为学生学习的组织者和促进者，更加享受课堂。

以挑战性问题为核心的课堂学习有助于学生获得更良好的学习体验和学习效果。首先，学生的身份从接受者、配合者转变为思考者、交流者，学习参与度提升，学习兴趣大增；其次，学生的学习活动从听讲、记笔记转变为协同交流、倾听记录、质疑反思等，深度学习、自由学习更加可能发生；最后，学习结果从过去的两极分化、高度自律的学生更加受益转变为每个人都在原有的基础上有所提升，学习质量和学习公平更有可能得到保障。

二、如何在学习设计中确立挑战性问题

（一）依据单元学习目标和核心学习任务确立

《普通高中语文课程标准（2017年版2020年修订）》规定了课程目标、课程内容、学业质量水平等内容。统编语文教材按学习任务群和人文主题双线组元，对"学什么""怎么学""学到什么程度"有明确的要求。在学习设计中确立挑战性问题，教师首先须明确课标和教材的要求，依据单元导语、学习提示、单元研习任务、配套练习册等提取单元大概念，明确学习任务群所属的单元学习目标和学习内容、单元视域下的单课学习目标和学习内容，尤其是核心学习任务，并将核心学习任务转化为挑战性问题。程度较好的班级还可以学习得更加深入。可见，一个高品质的挑战性问题必然指向学习重点和学习难点，融人文主题和语文关键能力为一体。下面以统编语文教材中的《过秦论》一文为例阐述。

《过秦论》位于选择性必修中册第三单元。该单元属于中华传统文化经典研习任务群，由两篇史传和两篇史论组成，其中一篇史论就是《过秦论》。单元的人文主题是"回到历史现场"。

依据学习提示和单元研习任务，《过秦论》的学习内容可以被整合为：在梳理秦的兴亡简史的基础上把握文章的观点和论证思路，再提出质疑、进行辩驳，进而理解写作意图、深入认识和评价贾谊其人其文；比较赋体史论和散体史论的论述风格和写作方法。

对文章的观点、论据和论证提出质疑、进行辩驳，已经充分体现了新教材对学生思维水平的要求。然而，我们还可以进一步思考：贾谊的写作意图是什么？如何"回到历史现场"？为什么历代史家对它评价极高？这些思考其实也是教材隐含的要求。结合学生的学习水平，笔者整合这些思

考，将核心学习任务转化为挑战性问题：

近代有不少人研究指出《过秦论》这篇文章的观点和论证过程都存在逻辑漏洞，有值得商榷之处；但这篇文章同时又有极强的说服力和感染力，历来被视为经典之作，鲁迅在《汉文学史纲要》中称它为"西汉鸿文、沾溉后人、其泽甚远"。对此，你如何理解？

在"存在逻辑漏洞"和"经典之作"两种评价相互矛盾的认知冲突处设计挑战性问题，可以极大激发学生的探究兴趣。为了更好地解决这个问题，笔者又给学生补充了历史教科书中关于西汉初年形势判断的文字和贾谊《陈政事疏》中关于时代背景的部分资料。

课堂学习中，学生首先细读课文和补充资料，自主思考，在学习单上简单记录，然后四人小组探讨，轮流发言、补充、修正记录，最后小组代表在全班公开分享，教师倾听、串联学生发言，引导学生从多个角度探究这个问题。师生对话的收获有：

（1）本文虽然存在逻辑漏洞，但仍具有极强的说服力和感染力。其纵横交错的对比结构、戏剧化的转化所形成的雄辩风格，使得文章情理兼备，打动人心；以赋体写史论，多用整句，手法多样，文章具有修辞上的感染力。

（2）贾谊的目的不在"说理"而在"劝说"。西汉初年，内外矛盾尖锐，王朝好比躺在尚未点燃的火堆上，危机四伏。贾谊此文不是为了客观分析秦朝灭亡的原因，而是为了对汉文帝进行劝谏。他忽略其他导致秦亡的因素，将秦亡的原因唯独归结为仁义不施，就是为了劝谏汉文帝重视当前不安不治的社会形势，施行仁政，促进社会安定和国家发展。他在论证过程中有时候故意违背史实，就是为了强化"劝说"的效果。由此读者可以感受到贾谊关注民生的政治情怀，窥见史论以史为鉴、借古讽今的文体特点。

（3）贾谊担负为儒学发声的时代使命。他的观点代表着追求仁政理想的儒生的群体诉求。

这个挑战性问题是开放的，学生可以在课堂讨论的基础上继续补充、完善自己的看法。重要的是在这个过程中，学生的思维经历了三个阶段：

把握课文的观点和论证过程;在理解的基础上质疑;反思自己的质疑。它呈现螺旋式深入的特点。学生跨越了文本语境、作者语境、读者语境,站在今天理解古人,按照各自的节奏"回到历史现场"。

(二)整合学生的学习需要确立挑战性问题

课堂教学一方面连接课标和教材,另一方面连接学生的学习。教师的学习设计要把两方面打通,既落实课标和教材的要求,又遵循学习逻辑,以学生的学习为中心,充分考虑学生多样化的学习需要,掌握学生的疑点和难点,将之分类、整合,从而确立挑战性问题。下面以汉书《苏武传(节选)》为例阐述。

《苏武传(节选)》与《过秦论》同属统编语文选择性必修中册第三单元,它是一篇史传作品。依据学习提示和单元研习任务,它的核心学习任务是把握苏武的精神品质。为此,笔者首先设置了一个基础性任务:细读课文,梳理苏武人物年表并交流。这个任务的目的是了解苏武出使匈奴的历史,厘清他生命中的关键事件和重大选择,为进一步把握苏武的精神品质服务。那么,如何设计挑战性问题,才能让学生对苏武的精神品质有全面、深入的理解呢?

笔者首先注意到《教师教学用书》上的一个问题:苏武两次自杀未遂,却在北海荒芜之地忍辱负重地活了十九年,二者是否矛盾?谈谈你的看法。

这个问题从表面上看具有认知冲突,需要联系历史背景和相关材料作出阐释,具有一定的复杂性。但仔细分析,这不是一个高品质的挑战性问题:首先,它不具有开放性,学生都会得出生与死并不矛盾的结论。苏武的选择看似前后矛盾,实则他以国家民族尊严为重的品质没有改变。其次,它不具有整体性,仅结合课文部分段落就可以回答。再次,它角度单一,只能看到苏武"有气节"的一面,不能全面深入地把握他的品质。最后,它无法让学生真正展开协同探究。

如何调整呢?我把目光投向学生在预习单上提出的问题:

为什么单于一定要劝降苏武?

为什么苏武坚决拒绝投降？

是什么力量支撑苏武在艰苦环境中牧羊十九年不投降？

苏武这样做值得吗？是愚忠吗？

为什么大篇幅写李陵劝降？苏武和李陵的选择到底哪个更好？苏武有更好的选择吗？

班固对苏武的看法是怎样的？

这些问题恰好涉及对人物品质的理解和评价。笔者将其整合，设计如下挑战性问题：

单于再三劝降，苏武为什么再三拒降，且苦守北海牧羊十九年？对此，你有何看法？请结合课文内容和补充材料阐述。

这个挑战性问题的设计方法是抓住文本内部的矛盾冲突"再三劝降"和"再三拒降"引导学生思考。"为什么"是多角度分析，指向对人物的深入理解；"对此，你有何看法？"涉及对人物的评价。这个问题满足复杂性、开放性、综合性等要求。为了探究问题的需要，笔者印发《苏武传》未选入课文的部分内容：苏武在汉武帝驾崩时呕血痛哭月余、在胡地娶妻生子、回汉第二年儿子就卷入谋反事件被杀、拥护宣帝登基出力、80余岁去世等。另外，还补充了关于时代背景和班固的资料。课堂上学生细读课文和补充资料，充分交流、协同探究。师生对话的收获有：

（1）苏武是有气节的大丈夫。使者代表的绝非个体，而是国家和民族。汉使拒降，就是汉朝拒降。单于虽有惜才之意，但在威逼利诱仍不能使他投降后，把他发配到困厄的环境中，用摧毁肉体的方式来征服他的意志。从两次自杀到努力存活，苏武对抗的方式发生了变化，但自杀是免得屈节辱命，努力存活是为了反抗单于的征服，他始终把维护国家和民族的尊严作为自己的崇高使命和行为准则。

（2）苏武身上有根深蒂固的忠君爱国思想。武帝对待苏武兄弟寡恩刻薄，且法令无常，诛灭众多无罪大臣，而单于一直把苏武视为人才，待苏武似较有人情味。由于老母已死妻改嫁，妹妹儿女不可知，苏武投降也无后顾之忧。但苏武始终拒绝投降，听闻武帝崩，"痛哭呕血月余"，可见，在苏武心中，君国一体，忠君即爱国。

（3）苏武在被迫卷入匈奴内部政变后想要通过自杀证明清白、斥骂卫律的行为维护了当时汉朝和匈奴相对缓和的外交关系。

（4）李陵称呼苏武为"义士"而不是"忠士"，别有意味。"忠"是竭力为人，"义"是公正合宜的道理或举动。李陵对苏武的"忠"有保留意见，但对于他无惧无畏、不为名利向匈奴投降的义举无比敬佩。投降有千万种理由，或许这理由也合情合理，但投降的本质是变节，是把追求个人幸福生活放在维护国家利益之上，终究不合乎"义"。李陵在苏武面前将永远感到羞愧。

（5）"苏武牧羊"具有巨大的人格力量。苏武为了抽象的使命和道义，十九年坚定不移，任何威逼利诱、肉体的痛苦、环境的困厄都不能改变他的意志，这种崇高坚毅的品质给人激励、使人勇敢、促人奋进。

在解决这个挑战性问题的过程中，学生对苏武的认识经历了三个阶段：首先，基于史料，尽可能还原一个历史上真实的苏武；其次，理解作为"大丈夫""民族英雄"的文化苏武；最后，抵达的是作为"人"的人文苏武。可见，苏武不是一个用"爱国"标签就可简单概括的人物。这样的认识过程也是不断"回到历史现场"的过程。

由于这个挑战性问题是教师整合学生的疑点、兴趣点而设计，从学生的需要中来，学习的过程就是释疑的过程，学生怀着期待、兴奋的心情投入问题的探讨中去，深度学习就得以发生了。

（三）依据课文的文体特点确立挑战性问题

文体是非常重要的概念。比如《普通高中语文课程标准（2017年版2020年修订）》中的"文学性阅读与交流任务群"旨在引导学生阅读古今中外诗歌、散文、小说、剧本等不同体裁的优秀文学作品，并撰写文学评论。"实用性阅读与交流任务群"旨在引导学生学习当代社会生活中的实用性文体，如会议纪要、提纲、演讲、新闻、通讯、调查、访谈、社会科学类通俗读物等。两大任务群的学习内容在教材中都有直接体现。然而，学生大都欠缺文体意识，他们往往关注文章内容，忽略文章的写法，导致阅读和写作能力不高。设计的冲刺挑战性问题要帮助学生形成文体意识，明确文体规范，通过一篇文章的学习掌握这一类文体的共性。下面以统编语文选择性必修上册第一单元中《别了，"不列颠尼亚"》一文为例阐述。

该单元属于中国革命传统作品研习任务群，由演讲稿、回忆录、消息、通讯四种文体的作品组成。单元人文主题是"伟大的复兴"。《别了，"不列颠尼亚"》的文体是消息，确切地说是新闻特写，兼具新闻性和文学性，它曾在第八届中国新闻奖评选中荣获一等奖。依据单元导语和学习提示，本文的学习要求为：理解新闻事实与背景材料融为一体的写法，体会作品的历史意义和现实意义，把握其体裁特点，学习其写作技巧，欣赏其表达艺术。其中把握体裁特点是学习的重点和难点。

笔者首先设计基础性任务：用表格形式梳理课文内容，初步感受课文现实场景与历史材料穿插安排、互相印证的结构，体会课文的情感色彩；继而提出挑战性问题：

香港回归对于中华民族来说是具有划时代意义的大事。各大媒体纷纷聚焦这一时刻，从各种不同的视角报道这一重大事件。假如你是第八届中国新闻奖评委，要从两篇文章《中英香港政权交接仪式在港隆重举行》和《别了，"不列颠尼亚"》中挑选一篇作为入围作品，你会挑选哪一篇呢？请说出你的观点并阐明理由。

设计此挑战性问题用了比较法，就是找到对香港回归这一事件从不同视角、用不同文体报道的资料，让学生去比较、辨析，发现其共性和差异，从而把握新闻特写的文体特点，赏析其表达艺术。挑战性问题的设计，不仅提出问题，也创造解决问题的线索。提供的资料不仅形成问题，也蕴含解决问题的方向。课堂上学生细读课文和补充资料，充分交流、协同探究。师生对话的收获有：

（1）《中英香港政权交接仪式在港隆重举行》是一篇非常典型的新闻

报道。它于 1997 年 7 月 1 日凌晨发表在《人民日报》，有标题、电头、导语、主体、结语，充分体现了新闻体裁的三大特点：及时性、真实性、准确性。它客观、冷静地讲述英国结束在香港的殖民统治、香港回归这一历史事件，语言简洁、准确、庄重。

（2）《别了，"不列颠尼亚"》在体现新闻及时性、真实性、准确性的同时，还具有强烈的情感色彩。文章巧妙的标题、丰富的背景资料，让人感受到洗雪耻辱的民族自豪感和对侵略者淡淡的嘲讽，逼真的场景描写，富有意味的细节，渲染、象征、对比等多种艺术手法的运用，也使这篇消息具有浓厚的文学味。

（3）在对新闻素材的选择和处理上，新闻报道注重全面性与完整性，新闻特写则聚焦新闻事实中典型而精彩的片段；在表达方式上，新闻报道着眼于在纵向上进行有条不紊的"叙述"，而新闻特写着眼于在横截面上进行精细、深刻的"描绘"。用美联社著名记者朱尔斯劳的话说，消息性报道是让读者知道发生了什么事，特写则告诉读者那里的情况可能会怎样。

在解决这个挑战性问题的过程中，学生经历了阅读理解、比较辨析、聚焦两篇文章各自的独特之处等复杂的思维活动，对新闻特写和消息报道的文体特点有了较深入的认识。

三、挑战性问题设计的反思

（一）以终为始、逆向设计

设计挑战性问题的目的是达成课标和教材规定的学习目标，逆向设计是基本设计思路。明确带学生到哪里去，了解学生的已知和未知，在目标、学情、课堂教学之间建立关联，才能真正发挥挑战性问题的作用。

（二）多种确立方式互相融合

学习目标和核心学习任务、学生的学习需要、课文的文体特点三方面并不割裂，而是互相融合、彼此推动。比如，《过秦论》主要依据课标、教材规定的学习内容、单元研习任务确立问题，但也离不开教师对《过秦论》的理解，同时本文的逻辑漏洞也是学生的疑惑所在；《苏武传》的问题主要依据学生的学习需要确立，但也不偏离课标、教材规定的学习方向，同时资料补充、课堂引导离不开教师对文本的深入解读；《别了，"不列颠尼亚"》的挑战性问题主要依据课文的文体特点而定，但选择比较资料时也考虑到了学习目标、学习兴趣等因素。当然，并非只有上文介绍的三种确立挑战性问题的方式，教师可以根据课堂实践提炼出更多的方式。

（三）问题兼具挑战性和亲切感

挑战性问题是学生形成持续理解的载体，指向学生的迷思概念和认知冲突，难度较大。它是综合的而不是琐碎的，是简约的而不是简单的，是开放的而不是封闭的，是巧妙的而不是怪异的，要能真正激发学生探究的热情，提升学生思维的水平。同时，挑战性问题的语言表述要亲切自然，贴近学生，不生硬，不学术化，使每位学生都有话想说、有话可说。

（四）群体互学，师生共创解决问题

学生独立思考，用关键词的形式在学习单上写下对问题的初步看法，在此基础之上同桌两两或四人小组充分交流，小组成员记录同伴的看法，整合小组观点。然后全班公开分享、协同探究，或纠正或补充或质疑，教师倾听、串联、引导、追问，师生共创，得出具有创造性的结论。解决挑战性问题往往还需要教师精选学习资料，通过创设情境，让学生自己去发现、去解决，而不是直接将答案告诉学生。

如何在学习设计中确立挑战性问题，是当前语文教师要关注的一个新课题。挑战性问题的设计需要根据实际学情、课堂效果不断更新和迭代。这也是一个系统、持续的工程，需要教师协同探究、共同设计、共同完善。

深度学习发生的课堂风景
——郑艳红老师执教《变形记》

林忠玲[1]

我们都知道,学习共同体能够带来学教翻转的课堂风景。然而,有不少人认为,学习共同体的课堂愿景很美,但很难落地。持此种观点者之所以对学习共同体的课堂持观望或者拒绝心理,是因为他们觉得没能看到学习共同体成功的课例。有没有一节课能完美地呈现学习共同体的课堂理念?学习共同体研究院推出了郑艳红老师执教的《变形记》课例分析视频,用真实的课堂实景和深度的课例解析,淋漓尽致地展示了学习共同体课堂的独特魅力。

直播当日,我没得来得及收看。第二天早晨,我特地反复看了重播,感觉就是两个字:完美!其实,听郑艳红老师的课,我这是第二次了。上一次面对面听她的课是在"课改中国行"湖北监利的现场,课后我还写下了《遇见学习共同体的美》听课随想。这一次听她的课,尽管是隔着屏幕欣赏,但其中穿插着郑老师的课例解析,这如同看球赛直播一样,一边看着精彩的画面,一边听着专业解说员的点评,更能体悟到其中

---

[1] 课例文章作者系江苏省泰州市教育督学。

的意蕴。

郑老师的这节课录制于2017年4月，尽管时间过去几年了，但其在学习共同体课堂变革的语境里，仍然具有标杆意义，堪称经典。我以为，郑老师的这节课对于一线教师实践以学习共同体为特征的深度学习，至少有四个方面的借鉴意义。

一、走向深度学习，需要足够的"前奏"

如同一首优美的曲子，深度学习也是需要"前奏"的。"前奏"是铺垫、引导，好的"前奏"能够带来后续学习活动中最深层次的体验与满足。为什么有的课堂学生迟迟不能进入学习状态，或者只是游离于浅层次的思维状态？说到底还是"前奏"不足所致。听了郑老师的课，我就在想：学习，能不能别那么突兀？

郑老师的这节课，可以说是做足了"前奏"。为了驾驭这节课，郑老师花半个月的时间备课，阅读了卡夫卡传记和卡夫卡作品研究的六本书，收集知网所有关于卡夫卡的材料进行研读。经过这样的研读，卡夫卡的形象在教者的心中就变得更加立体、丰富。登高方能望远，深度学习的活动设计，除了要把文本看得通透外，还需要站到宏大的背景里观照。郑老师充分的课前准备提醒我们，教师与学生一样都是学习者。

学生在课堂上能否进入深度学习，往往与其课前预习是否有所知、所想、所疑关联着。郑老师对学生课堂深度学习的"前奏"明确了这样的任务：一是整合查阅资料——了解卡夫卡的简介、现代派文学特点、卡夫卡作品的特色、《变形记》的创作背景；二是初步感知文本——文章讲了一件什么事；三是自主探究文本——填写表格，格里高尔以及读者"我"见到了什么、听到了什么、想到了什么、做了什么（这是阅读策略的渗透）；四是学习反思文本——你在阅读中感受最深的一点是什么，你产生了怎样的疑问，请提出你的问题。由此可见，课前完成学习任务单并非简单的预习，而是课堂走向深度的"前奏"，是必要的阶梯。

二、走向深度学习，需要适宜的"支架"

所谓深度学习，是指学习者能自觉地运用高阶思维，学习复杂或具有挑战性的内容或任务。冲刺挑战性问题的提出，是学习共同体课堂的重要特征，也是帮助学生从低阶思维走向高阶思维的"支架"。从这个意义上说，学习共同体的课堂就是保障深度学习发生的课堂。

怎样的学习"支架"才是适宜的？支架太短，容易让学生的学习活动徘徊在思维的"浅水区""舒适区"；支架太长，又会造成学生望而生畏，产生挫败感。郑老师在本节课上为学生提供的学习"支架"其实有两个：学习任务单，这是走进文本的简单支架；挑战性问题，这是引导学生站在更高处认识作品和作者的复杂支架。

"卡夫卡为什么把格里高尔变成了一只甲虫？"这是郑老师设计的一道冲刺挑战性问题。我觉得这个问题设计符合好问题的三个特征：一是能统揽整个文本，起到纲举目张之效；二是能挖掘出更多的研讨价值；三是不能一下子就找到答案，需要在探究的过程中逐渐明晰，且答案呈现多样性，不唯一。郑老师能设计出这样的好问题，与她课前所花的功夫是分不开的。

冲刺挑战性问题这个学习的"支架"何时安放最适宜？是老师直接抛给学生，还是在学生的问题中生成？郑老师说她开始也有些纠结，但在征求学生意见后，学生明确表示无须直接给予。随机生成冲刺挑战性问题，这是对教师倾听能力极大的挑战。郑老师说因为学习的进程充满了未知，作为教者也感到特别期待。如同观剧一样，如果事态的发展一切都在自己的设计、控制之中时，就会让人感到索然无味。师生都不知道下一秒会有什么样的精彩发生，这大概也是深度学习发生的课堂魅力。

三、走向深度学习，需要充分的"放手"

从某种意义上说，深度学习是一种课堂创造，而创造需要充分的民主、尊重和信任。以教为主的课堂，是教师主导、控制下的被动学习，无法抵达深度学习的境界。不少教师尽管自己在文本解读上下足了功夫，能够做到了然于胸，但总是不相信学生，总想以"告诉"的方式，替代学生的自我建构，课堂也就成了教师一个人的"知识叙事"，学生也可能会被教师精彩的演绎、不群的才情所折服，但这种舒适的听讲模式，不会有深度学习的发生。如果有，那也只是教师一个人的深度。

郑老师的课堂是充分"放手"的。她的"放手"体现在课堂时间的分配上。90分钟的课，教师的讲述仅仅在7分钟左右，其余时间全部让给了学生。教师的讲该占多大的比重，没有固定的范式，总之要像郑老师这样遵循几个不讲的原则：学生未学已懂的，老师不讲；学生自学易懂的，老师不讲；学生互助能懂的，老师不讲；讲了学生也不懂的，老师不讲；有学生会讲的让学生讲，老师也不讲；讲的目的，是为了不讲。

她的"放手"还体现在教师角色的转变上。她认为，学习共同体的课堂，教师应当是设计者、组织者、倾听者、引领者。在学生进行小组讨论、小组分享等学习活动中，郑老师扮演的重要角色就是倾听者。在学生小组分享完毕后，郑老师只是三言两语抓住几个关键词做极简的点评性引领。其实，把学习的机会真正还给学生，学生就能还你想不到的精彩。郑老师说，孩子们对作品中"人""非人""死后又成为人"的理解，是十分精妙的。这就提醒我们要无限相信学生的潜能。好的课堂，应该把时间和空间还给学生，让学生有完整的生活体验。

一节课下来，黑板上留下的基本上都是学生分享时写下的结构性板书，而郑老师的字迹寥寥无几。由此，我不禁要问：很多语文教师在备课时热衷于做板书设计，那些精美设计有多少给学生留下了深刻记忆？又给深度学习带来了多少帮助？尽管孩子们分享时的书写可能并不完美，但这样的留痕才是学生参与学习的最好印证。

当然，郑老师的"放手"并非盲目放任。她善于用高质量的串联，帮助学生挖掘新的思考空间。郑老师说："串联不是人为拔高，而是借助学生分享时蹦出来的那些关键词、重要观点，进行串联。"从郑老师的串联用语我们懂得，串联即欣赏，串联即打开另一种可能，串联即新的方向。

我特别欣赏郑老师课堂最后两三分钟关于卡夫卡作品"不确定性"的总结性引领。她从学生发言中归纳出这篇作品情节不确定、语言不确定、人物想法不确定、主题不确定，从而得出现代主义文学反传统、荒诞但不荒谬的特质。郑老师的这一段概括性陈述，应该说很有高度，但她不是凭空抛出的，而是由学生的发言引申出来的。如果课堂收尾没有这样的点拨，那就是放任不教；如果充斥着这样的点拨，那又陷入了以教为主的老套路。

四、走向深度学习，需要协作的"氛围"

表面看，深度学习似乎与合作并无多少联系。其实，学习的本质是对话，对话不仅包含与文本的对话、与自我的对话，还包含与同伴的对话。郑老师说，学习的过程中，学生是差异化发展的。在与同伴互动时，学生会思考：他的表达哪些地方与我的想法相同，哪些能引发我的新思考，哪些地方我可以补充，哪些地方我不同意需要提出自己的看法。由此可见，同伴的分享、求助，是促进倾听者走向深度学习的跳板。

合作的课堂文化，需要教师长期培育。现场观课的老师发现，在郑老师的班级里，小组讨论中一些反应快的同学，懂得把时间和机会让给组内稍微弱一点的同学，自己则一边认真倾听，一边做记录提炼，体现了良好的学习"德性"。遗憾的是，"提高一分干掉千人"的恶性竞争学习文化在当下一些高中学校还十分盛行。立德树人，应该像郑老师这样落实到课堂的细节上。

除了要关注一部分学生思维的深度外，还应关注所有学生能否进入学习的状态。郑老师的这节课上，参与公共交流分享的学生达到了25人之多，所有学生都在小组内获得了发言的机会。在分享环节，郑老师不断提醒没有发表意见的小组上来，发表过的小组做总结提炼。这就充分体现了学习共同体课堂"关注每一个、发展每一个"的公平价值取向。

走向深度学习的合作，还需要便于学生讨论，便于老师靠近每个学生的物理空间做支撑。据郑老师介绍，当时开课的这个现场，是固定摆放的秧田式桌椅，只适合教师站在讲台上、学生坐在讲台下被动听讲。郑老师充分利用原有的空间特点，努力把课堂的空间"变大"，尽量向两边延伸，在黑板前留足公开发表的空间。朝向协同学习的空间选择与设计，不是可有可无，也不是形式主义，而是合作文化的重要特征之一。

第四章

数学课例研究与分析

开放性问题引发学生的持续探索
——初中数学《函数的概念》的学习设计
王晓叶 [①]

本课例来自沪教版八年级数学第一学期 18.1《函数的概念》。

在学习共同体理念的指引下，越来越多的数学课堂发生了教与学的翻转，真正把以学习为中心落到了实处。笔者以"函数的概念"这堂课为例，围绕"三单"（预习单、学习单、作业单）来回顾本节课的设计和实施过程，初步阐述如何以学习为中心设置任务。

一、内容分析

初高中教材在处理本节内容时，根据函数概念的历史发展顺序，以及学生学习认知过程的阶段性，用两种不同的方式定义了函数的概念：初中采用的是"变量说"，高中采用的是"对应说"。初中以"运动变化"为出发点定义函数，而高中以"集合"为出发点研究函数。虽然两种定义的本质都是类似的，但这也要求教师从不同的角度来引领学生学习函数的概

---

① 课例文章作者系上海市六灶中学教师。

念。初中阶段，函数是从常量数学转向变量数学的关键概念，是学生思维上的一大跨越，所以对于函数概念的第一次学习，学生的正确认识显得尤为重要。这也是本节函数起始课要完成的任务。

二、学情分析

整体而言，八年级的学生基本有了一定的抽象思维能力，能够处理一些不太复杂的综合性问题，但从常量数学到变量数学跨度较大，对学生的抽象思维能力是一大考验。就个体而言，学生的数学知识储备、数学思维能力都是不同的。本班的35名学生既有学优生、中等生，也有学困生，与很多班级类似，符合正态分布规律。为了能让每一位学生都学有所获，教师需要基于函数这一核心概念，用低起点、高挑战的学习任务引导学生的学习。

课时目标：

（1）认识数量的意义，知道常用的数量，通过具体实例认识并分清变量和常量。

（2）知道用运动、变化的观点看待事物，理解变化过程中两个变量之间相互依赖的含义，从而理解函数的概念。

（3）初步感知函数的表示方法，体会函数在实际生活中的作用。

三、学习设计

这节课利用了"三单"（预习单、学习单、作业单）作为学习任务的载体，通过前置学习、课堂学习和课后练习三个阶段有步骤地进行学习设计。关于本节课"三单"的设计，笔者是从三个维度进行考量的：一是认知领域，包括思维认知和方式方法；二是动机与情感领域，包括学习目标和情感态度；三是人际领域，包括与他人的关系和与自我的关系。总之，学习设计不是单纯地把知识进行整理和传递，而是一种从多个角度进行再创造的设计过程。

（一）预习单设计说明学习过程

前置学习阶段，笔者在课堂学习的前一天下发了预习单，预习单内容见文末。

课前学习内容的设计主要围绕认知和动机情感这两个方面。在学生认知方面，"数量、变量、常量"是理解函数的前置概念，为了使课堂上有限的时间都集中到理解函数的概念，特意把这三个前置概念放在预习单中让学生先学习。因为这三个概念相对比较好理解，所以采用了自主学习书本及阅读材料的方法，也是对学生学习能力的培养。在动机与情感方面，利用"蝴蝶效应"这个故事激发学生的好奇心，在学生心里预先埋下一个种子：这个故事和函数的学习有什么关系呢？

接下来，看看预习单完成情况。

从收集的预习单情况来讲，学生都能够写出变量和常量的概念（书本上有明确的概念：变量是指可以取不同数值的量，常量是指保持数值不变的量），基本能够写出数量的概念（书本上没有以黑体字呈现，故个别学生梳理有困难。数量是指数与度量单位合在一起）。关于这三个概念，学生基本上都能举出多个相关的例子，但表述上会有些不妥的地方。比如说身高，既可以被看成变量，也可以被看成常量，孩子的身高就是变量，大人的身高就是常量。又比如说温度，一天的气温是一个变量，标准大气压下水的沸点温度100℃就是常量。所以，主要的问题不是学生不理解三个数学概念，而是在举例子时会出现表述上的不规范。

课堂学习阶段，40分钟的课堂，笔者用前8分钟组织学生进行预习单交流，进一步厘清概念，指出学生表述不规范的地方。对于"蝴蝶效应"这个内容也进行了解释，蝴蝶拍动翅膀和龙卷风之间存在着关联，而函数的概念就好像计算机输入和输出的过程，以此引出学习函数的意义和价值，为学习单的第一次任务做了铺垫。之后，下发了课堂用学习单，学习单内容见文末。

（二）学习单设计说明

课堂学习阶段，笔者设计了两个学习任务：任务一是"黑箱解密"，任务二是"计算硬币的数量"。这两个任务的学习步骤都是先进行独立思考，再和同伴协同学习，最后公开分享。笔者在此过程中是一个引导者的角色，帮助学生达成学习目标。

从认知角度来说，函数是初中阶段比较抽象、较难理解的数学概念。对函数概念的理解，关键在于理解变化过程中两个变量之间互相依赖的含义。用图、表和表达式来呈现两个变量之间的关系，利用抽象概念显性化的方法，将两个变量之间的关系用"黑箱模型"呈现出来，成为学生理解函数概念的重要抓手。利用协同学习的方式让学生充分交流，能够让学生对函数有更为深入的理解。从动机与情感角度来说，学习函数所利用的"黑箱模型"和生活化问题能够激发学生探究的兴趣，从而触发学生学习的内在动机。从人际关系角度来说，学习任务需要学生间的合作互助，也能让学生个体获得归属感，营造良好的学习氛围，从而打造温暖、润泽的师生、生生关系。

对于任务一"黑箱解密"，笔者利用一个黑箱和几张数字卡片进行了一个类似魔术的表演——一个数据从一边进，然后在另一边出来一个新的数据。（实际操作过程中，笔者先在黑箱的一侧塞进一个1，然后在另一端拿出一个5；塞进一个2，拿出一个7；塞进一个3，拿出一个9。之后，让学生研究这个过程中输入和输出的两个变量之间的关系。）这样的操作吸引了学生的注意力，学生也很想继续研究下去。将抽象的函数概念与具象的程序化操作相联结，将所学内容直观地展现在学生面前，有助于他们理解函数概念。又通过"破解数据变化的奥秘"这个任务，串联出常量、变量、函数解析式等概念。在解答任务一的过程中，学生通过独立分析、判断正误等思维过程，提高了"分析""评价"等深度认知能力。此学习任务不仅将抽象的函数概念具象化了，而且深挖了函数概念的本质。

任务二"计算硬币的数量",是一个在学生最近发展区内的冲刺挑战性问题,这样的问题能够激起学生的挑战欲。本题是一个一题多解的问题,所以能够帮助学生不断维持这样的挑战欲,从而达到不断倾听、学习的目的。这个任务被包装得有血有肉,不仅联结了生活实际,还联结了学生已有的科学实验经验,在倾听他人观点时,拓展了学生的知识面。学生在思考的过程中,是在运用函数思想对问题进行分析,函数思想是知识背后蕴含的数学本质。在各种方法中寻找最优解的过程,也发展了学生的"评价"能力。

来看看学生的学习情况。

在任务一"黑箱解密"的学习中,数据输入与输出的实物演示环节激发了学生强烈的兴趣,魔术的方式使得他们的参与度非常高。当笔者塞进一个 1,在另一端变成一个 5 时,大家都很好奇是怎么变的。由于任务的驱动,学生从一开始的对魔术本身感兴趣转变为要研究输入和输出两个变量的关系,而二者的关系在笔者输入第三个数后很多同学都能够猜出来。当笔者追问"如果输入 100,那么输出的是多少?"后,学生就渐渐从独立学习状态转变到小组同伴协同学习的阶段。大家你一言、我一语地交流并记录着彼此的想法。能说出来输入和输出这两个变量的关系还不够,关键要用数学的方式表达出来。后面笔者就引出了函数解析式,以及另外两种表示方法(图像法和列表法),让学生对函数的初次认识更加立体化和系统化。

任务二"计算硬币的数量"作为一个应用性兼挑战性的任务,极大地勾起了学生的探究愿望。在独立思考、小组协同交流之后,学生进入全班分享环节。他们所得出的方法也非常多样化,由硬币数量的变化会引起质量的变化(硬币的质量和硬币的数量存在函数关系),从而得到了通过称重(1 枚硬币的质量和全部硬币的质量)来计算硬币数量的方法;由硬币数量的变化会引起体积的变化(硬币的质量和硬币的体积存在函数关系),从而得到计算体积(1 枚硬币的体积和全部硬币的体积)来计算硬币数量的方法;由硬币数量的变化会引起硬币重叠后的厚度变化(硬币的质量和硬币重叠后的厚度存在函数关系），从而得到计算厚度（1枚硬币的厚度和重叠后硬币的厚度）来计算硬币的数量等。其中的原理都建立在找出变量之间是否有函数关系的基础上。这一开放型问题让学生意犹未尽，课后还引发了持续讨论。

课后练习阶段，利用作业单的方式让学生巩固课堂上学习的函数概念，并利用开放型的任务让学生在应用中进一步理解函数的作用。作业单内容见文末。

（三）作业单设计说明

从认知角度来讲，设计这4道题的目的是对所学习的函数及其相关概念进行巩固和拓展，让学生从多个角度来巩固学习成果。独立完成练习题、学习交流与运用、设置开放题和拓展题等，让学生对函数的理解更为深入。从动机与情感角度来讲，以作品意识将作业变成学生的成果，展示成果的过程也是学生收获自信和喜悦的过程，对学生学习兴趣的培养有积极的作用。从人际关系的角度来讲，最后一题的设计让学生之间有了交流互动的机会，也有助于伙伴之间产生联结和友谊。对于最后一个开放型问题，具体的任务要求（第二天与同伴交流）能引发学生解题的外在动机，与生活相联系的、有难度的任务能够引发学生的探究欲望，是学生的内在动机。任务与学生的生活实际相联结，与同学相联结，与函数知识相联结，多维度联结能够帮助学生建立起多元的知识网络。在对函数概念的运用之前，学生需要用发现的眼光看待周围的世界，主动发现问题、分析问题、解答问题，在交流问题的过程中，加深对函数认识的深度。

来看看学生的练习情况。

学生对于有单一答案的客观性问题的回答是比较好的，特别是第一和第二题的正确率都比较高。部分学生对于第三题中比较函数方法和算术方法的不同产生了困难，不知道怎么表达。另外部分学生对于第四题需要用数学的眼光去观察客观世界的问题显得不那么从容，发现问题的能力还有待提高。从作业中我们也发现，不同类型的题目对于学生综合能力的发展至关重要，教师需要利用开放型、展示型问题帮助学生提高自身的数学学科素养。

学习共同体理念下的课堂转型，是一个系统工程。教师不仅要研究学生的学习动机，而且要研究课程中的核心问题，再以合适的载体对核心问题进行包装。学生在研究学习任务的过程中，不断发展自己的分析、评价及创造能力，从而提高学习力。

预习单

一、阅读数学教材第52页的内容，写出"数量""变量""常量"的概念，并举例说明。

二、课外阅读材料，请在课前先了解"蝴蝶效应"这个故事。

在20世纪60年代，美国著名气象学家爱德华 - 洛伦兹提出了"蝴蝶效应"这个概念。他通过电脑进行"天气预报"的模拟，发现如果将输入的数据进行微调，得出的计算结果差别会非常大。这个概念被形象地表述为：得克萨斯州的一场龙卷风发生的原因可能是一个月前一只蝴蝶在巴西轻轻拍打翅膀。"蝴蝶效应"这个名称也就由此诞生。"蝴蝶效应"指在长时间和大范围内，微小的空气系统变化可能导致连锁反应，并最终导致其他系统产生极大变化。

学习单

学习任务一：黑箱解密

请你观察老师的操作，记录操作过程中输入和输出的数据，并尝试破解数据变化的奥秘。（在方框内记录数据并写出分析过程。）

1. 在方框内记录数据并写出自己的分析过程。

输入数					
输出数					

2. 记录同伴有价值的方法和观点。

3. 记录相关的数学概念和知识。

学习任务二：计算硬币数量

随着科学技术的不断进步，手机支付渐渐代替了传统的纸币交易，越来越多的商店把历年来收到的纸币存入银行。今天一家早餐店老板就拿着5箱一元钱硬币来到银行，准备全部存入银行。由于数量众多，银行工作人员需要全员清点一整天才能统计出硬币的数量，请你用今天学到的函数相关知识帮助银行工作人员计算出硬币的数量。

1. 写出自己想到的方法。

2. 记录同伴的方法。

作业单

1. 某商品每千克售价为 0.55 元,这种商品的销售额 y(元)与销售量 x(千克)之间的函数关系是 _____,其中常量是 _____,变量是 _____,自变量是 _____。若销售量是 100 千克,则销售额是 _____ 元。

2. 长方体的体积是 20cm³,它的长是 $y$cm,宽是 5cm,高是 $x$cm,求 y 与 x 的函数解析式。

3. 一支长 20cm 的蜡烛可以点燃 2 小时,设点燃 x(0<x<120)分钟后蜡烛的长度为 $y$cm,写出 y 与 x 的函数关系式。当点燃 20 分钟后,蜡烛的长度是多少?(试着比较算术方法和函数方法求蜡烛长度的不同。)

4. 思考题:
生活中的很多问题可以利用函数的方法来解决。很多发明创造也来源于对函数的运用,请你思考并记录生活中和函数有关的事情,也可以尝试用函数的方法解答生活中的实际问题。(与同伴交流,完善自己的思考,并记录在卡片上,张贴到班级"学习园地"内。)

学习共同体课何以让学生学得"爽"
——王晓叶《函数的概念》课堂观察与分析
卜玉芬[①]

2019年8月15日,王晓叶老师在赤峰市克什克腾旗新庙中学上了一节研究课——《函数的概念》。这节课很有韵味,把学习共同体追求的课堂演绎得淋漓尽致。我观察的学生邓莹课后告诉我:"太爽了!"孩子的"爽"就是有趣、轻松、快乐。

我是一个有30多年教龄的数学教师,对初中数学课可谓烂熟于胸、自信满满。题型的分类、解法的总结、技巧的训练、难题的拆分、重点的迁移嫁接,对我来说,都是小菜一碟、十拿九稳。我天生性格开朗,喜欢孩子,能跟孩子打成一片,是学生眼中的好老师、家长心里的名教师、领导手下能独当一面的骨干教师。可是,当我带着好奇心走进王晓叶的课堂时,眼前是另一番景象!王老师营造的课堂纯净和谐,动静合一,快慢有序。作为课堂观察员,我觉得既舒心又佩服。王老师的引导自然得体,学生的表达轻松自如。师生之间形成的学习共同体就像佐藤学教授说的"交响乐",和谐、悦耳、动听,一下子吸引了我。

---

① 课例文章作者系内蒙古自治区赤峰市宁城县宁城三中教师。

为了占据一个好的观察点,我早早来到王晓叶老师上课的教室,坐在邓莹、孙姝瑜两个学生的右侧。这是两个娇小玲珑、恬静可爱的女孩。(因为没有课堂观察经验,很遗憾未留下孩子的照片。)她们很好奇,不时看看陆续走进来的老师。脸上的那一抹红晕,显现出她们的兴奋和期待。

我坐到邓莹同学的身后。她先给了我一个微笑,然后主动移了一下身子,在课桌上腾出一块空间,让我放记录本和课堂观察记录单。我很感激,主动伸出手,握了握她的小手——观察员老师要学会与被观察学生形成良好关系,这是我从学习共同体课上学到的。

课始,王老师讲了学习规则和方法。他制定的学习规则与方法是:

1. 随机挑选座位,自选学习伙伴,让自己处于自然的状态,和周围的同伴握握手。

2. 以独立思考为基础,遇到疑难,自觉求助,随时做好向同伴学习的准备。

3. 自信、热情地分享自己的发现,力求清晰地表达自己的解题方法,可以采用"纸上书写再交流的方法"。

4. 同伴之间交流时,谦虚地倾听,不打断对方,记录其有价值的观点,陈述完整后互相补充。

5. 疑难问题四人讨论,轮流发表意见,互相尊重,互相补充或提出疑问。

仔细阅读这份规则与方法,要点突出,顺序清晰,匠心独具,可操作性强,理念上以学定教,行为上从学生立场出发,一切为了孩子,以学情作为教学的出发点和落脚点。

接下来,王老师顺理成章又做了一次倾听训练,选取的内容是"蝴蝶效应"。从知识来说,蝴蝶效应与本节课有关,有输入和输出两个存在依赖关系的变量,适合作为学生理解函数概念的基础性经验。从心理学角度看,这个训练很容易引起孩子的兴趣,把孩子的注意力快速吸引到课堂上来。

邓莹虽然记得不十分完整,但还是把关键词记了下来。我判断,邓莹有一定的倾听能力，或者说是听话的"乖"孩子。我拍照时，她很理解，我们俩有好几次眼神的对视、会意的微笑。我知道这个孩子已放松身心，把我当朋友了。

接着，王老师出示了第一个学习任务"黑箱解密"。他手中拿着一个左右两侧带有开口的黑色纸盒，在讲桌上一放，不仅吸引了孩子，也引起了所有在场教师的好奇。

王老师像变魔术一样，插入一张纸，抽出另一张纸，依次是右1左5、右2左7、右3左9、右4左11。他问学生：右100呢？给任何一个数都可以吗？给字母可以吗？（老师提的任务很具体，我反复研读学习单，觉得值得借鉴。）估计给学生留了10分钟的思考时间。

这项学习任务的设计很有意义。起点低，每一个学生都可以独立学习。高要求，需要有储备知识和运用一定方法解决问题的策略。实施学习共同体教改的教师常常会担心，设计冲刺挑战性问题好像只对学优生有利，对学困生意义不大。王老师的设计给了我们启迪，重点不在于问题的高要求，而是设计必须低起点，让每个学生都能进入。这是保持学生长时间学习兴趣的原动力，也是同伴协同走向深度学习的驱动力。

此时，身边的邓莹及小组同学都很认真，他们自主破解数据隐藏的奥妙，寻找变化中的规律。

邓莹和同伴3分钟后陆续发现数据的变化，但在规律的形成中似乎打了一个死结，结论得出之前的那几分钟是"黎明破晓"。6分钟后，邓莹在冥思苦想中把目光投向了我。我看了她写的算式，结果已有了雏形，差一点就指向结论了。

这个教学过程比较长，由此我想到了往常的教学。一般情况下教师不舍得在这样的创造性学习活动上花功夫，难以为学生的冲刺挑战性学习留下足够的思考时间。结果是学生很少有绞尽脑汁的艰苦思考，继而豁然开朗的学习体验，主动性学习的萌芽常常在破土之前就夭折。我们已经习惯于花更多的时间反复刷题，宁肯做多于冲刺挑战性问题数倍的习题，但事倍而功半。曾经在一个会议上听到一个观点，"教"和"育"是两回事，前者是教知识，后者是育文化；"学"和"习"是两个概念，"学"的是知识，"习"的是体验和挫折。王老师的课将重点放在"育"和"习"上，而不是仅教知识和进行强化训练。

教师发现学生的学习障碍，有意点拨也是非常重要的教学智慧。我轻轻地说："右是200，左边应是多少呢？"邓莹随口回答："403。"我又追问："如果是 n 呢？"她说："$2n+3$。"我赞许地点点头。她带着一份满足加入了小组讨论。10分钟后，她所在小组的另一个同学在全班进行了第一个展示，呈现的形式与她不同，但结果是一样的。

学生们在交流中保持自己的独立，我很钦佩这种精神。学生坐下后，王老师以微笑和点头给学生注入信心和力量，我也很自然地给他们一个赞许的眼神。教师作为观察员，其实也是学生学习的助推者，在关键时间以适当的方式方法引导学习向下一个高度推进，未尝不可。

此时学生的学习状态不断攀升，记录同学有价值的方法和观点都如鱼得水，倾听、记录、思考达到了完美的结合。与学习、与伙伴相遇和对话的追求已经实现。陈静静博士说，深度学习是建立在学生真实学习之上发生的，只有真实的、有意义的学习，才能让学生获得持续的学习力。我认为这几个学生已经进入了这种状态。

接下来，王老师又抛出第二个任务"计算硬币数量"。我刚看完题目，身边的邓莹已写完结论，我兴奋地用手机把她学习单上的内容拍下来。我的举动可能引起了敏锐而又善于发现的王老师的注意。他快速来到我们这个小组，看了邓莹的答案，我们俩相视一笑，都为学生的学习暗暗叫好。

我曾告诫自己，作为教师，我们要走出"善于教而疏于学"的状态，把教的研究转向学的研究，以学定教。孩子的潜能是无限的，如果给他们一个合适的支点，他们一定会撬动地球。现在我对这句话有了新的感悟。

接下来，邓莹成了这轮的首席发言人，她的思路是通过测量一枚硬币和五箱硬币的质量，计算出硬币的数量，从而得出五箱硬币的币值。在她的引领和启示下，后面的答案精彩纷呈，但都没有突破通过质量来计算硬币数量这个思维模式。

后来，我在她的学习单里又发现了新的方法，把测一个硬币换成测量一千个硬币，用一千个硬币与五箱硬币之比作为运算方法，操作更快、更方便。虽然因时间关系没有展示，但我伸出大拇指，给了她一个坚定有力的点赞。谁说学生不如师？我看见了"青出于蓝而胜于蓝"。

下课了，我和邓莹一起走出了教室。我及时采访了她，请她谈谈这节课上的感受。她说："太爽了！从来没上过这样爽的课！"我不知道一个"爽"字在学生心里有多大分量，更无法计算出这个"爽"值多少分，但是我知道这个"爽"的过程一定会给孩子留下刻骨铭心的记忆，甚至跟随学生一生。哪一天突然回忆起这节课，他们的嘴角依然会露出甜蜜的微笑。或许他们会对枯燥的数学有了新的认识和兴趣——原来数学课还能这样上呀。

课后，我才知道他们是初一的孩子，今天上的是初二下学期的函数内容。"函数的初步认识"已经给学生留下期待，因为学习是快乐的，成功的学习体验会激励学生新的探究欲望，走向新的成功。

一位专家的话又在我耳边响起。他建议学习共同体教改实验上单元课、项目课、综合课，不要把知识体系击碎，要整合。之前，我曾怀疑这种观点，此时释然了。

王老师的课，给我的整体印象是清晰、淡雅、慢节奏、高思维。他不急不躁，娓娓道来，水到渠成。想想自己已经习惯的课堂，大容量，高浓缩，传授解题技巧，进行题型分类，直奔主题，只顾少数精英学生，却一次又一次甩掉了大量最初的同行者，理直气壮做错事，还把错误归因于学生，现在想来真是汗颜！

一个"爽"字，初看与分数无关，与教育评价无关，然而，的的确确就是"以学生为本"的体现，就是教育理应追求的目标，就是最朴实无华的评价。

邓莹同学为何感到"爽"？

因为学习过程充满了温馨的氛围。教室里很安静，一个个小脑袋都在静悄悄地忙碌着，或严肃地阅读，或皱着眉头思考，或者几个人轻轻地说着话，没有紧张，只有从容。他们的目光是温和的，语言是轻松而柔软的，态度是谦和而自足的。老师慢慢地在学生中间转着，时而侧耳倾听，步伐也是轻松而舒缓的。他不会让大家停下来大声说什么，只会和一个学生或一组学生比划着什么，或轻轻地说着什么。这就是学习共同体所追求的课堂，安心、安全、润泽。

学生们通过自身努力获得认可、欣赏、肯定，这种心理体验对他们的成长价值非凡、意义深远。

学生们在学习过程中，经历了独立思考和与同伴协同学习的过程，思考深度和品质一点点提升。沉浸在学习过程中的"爽"，对学生来说，是全身心投入的积极心理体验，是积雪式的学习。深度理解、深度思考在与同伴的交流中，一层一层叠加。有内心体验的"爽"为学习打下基础，我们不用担心表面上的慢。这是我理解的"慢就是快"的道理。

邓莹同学的话引起了我的共鸣。我感觉到"爽"了吗？当然很"爽"。我为何也感到"爽"？由这节课，我体会到学习共同体追求的课堂，一是问题少而精，低起点，高挑战。低起点，可以让每个孩子都入门，贴近孩子的最近发展区；高挑战，不同孩子有不同的理解，会产生不同的方法。教师需要在倾听中串联，穿珠成链，殊途同归。学生在难点上协同学习，在关键处"嫁接"新的生长点。二是学习共同体课堂表面上研究的问题虽然不多，但都是围绕函数认识核心问题，有种窥一斑见全貌、动一发而牵全身的感觉。佐藤学教授把课程分为两种样式：所谓"阶梯型"课程，是追求效率、同步、控制的课程。教师将教学过程划分为小步子，然后引导学习者朝最终目标攀升，在整个过程中要求同步前进，不能掉队，不允许"异类"的出现，教师控制着节奏以及反馈和评价，它是以"目标—成果—评价"为单位组织教学的；"登山型"课程是以主题为中心，准备好若干学习的路径，它追求的是过程的体验和快乐，学生能够选择自己的道路、方法、速度去达成目标，教师在整个过程中是学生的伙伴，师生之间是民主、平等、合作的关系，是以"主题—活动—表达"为单位组织学习的。"登山型"课程，给不同学生如何学习留下了很大的空间，它希望每个学生都调动自己的生活经验，相互协同，不同的个性、思维方式发生碰撞，彼此激发、相互鼓励，从而不仅在解决问题中提升思维，更重要的是建立一种新的人际关系，创造一种新的伦理价值。在"登山型"课程发生时，教师的作用更多的是倾听、悦纳，关注个体和小组，从而让每个学生获得高品质的学习权。这是"少就是多"的辩证法。三是我感到学生的学习过程有了选择、倾听和思考。因为有选择，所以容易与既往的学习经验对接；因为有倾听，所以让方法变得灵活多样；因为有思考，所以让思维变得深刻。润泽的课堂，尊重、信任的课堂，和谐、悦耳动听的交流，构成了课堂新生态、育人新环境。学习共同体主张同伴间构成合作探究、共生共荣的关系。有人说，学校应该是丰富多彩的百花园，而不是养鸡场，所有动物都一样，要为学生提供属于他们的成长环境，让学生成为最好的自己，把每个学生培养成活生生的人，而不是学习的机器。

大自然中的植物是相生相伴的，人不也是如此吗？我多么盼望走进这样的课堂，生成这样的课堂，融入这样的课堂，彼此信任，都很放松。但现实中，我的课堂是吵闹的，学生的神色是慌张的，动作是匆忙的，教师是焦躁不安的，大家都在大声说话，每个人似乎都在说"听我说"。为什么会这样？因为没有设计好挑战性问题。儿童是天生的探索者，只有有探索价值的任务，才能激发他们学习的愿望，不是"学而时习之，不亦乐乎"，而是"学而时创之，体验之，不亦乐乎"。我儿子的数学老师说：你家孩子只有讲难题时才听。我说这是所有孩子的做法，只是我儿子不会装。课堂要吸引学生，在问题的设计上一定有真功夫。一不能太难，让学生无从下手；二不能太简单，学生一看就会，无讨论交流的价值；三是规则方法要表述清楚。学生之所以吵闹，一种原因是问题太难，不知如何入手而感到焦虑；一种原因是问题太简单，随口说完。挑战性问题要有味、有趣，要能紧密联系学生的生活经验，让他们在解决问题时感受到知识的力量、成长的力量、团队的力量。这种把握只能来源于细致的课堂观察。这就是陈静静博士让我们聚焦课堂观察学生学的过程的真正用意，也是杜威的"知难易行"理论的体现。

特级教师黄建初对王晓叶的精心设计和精到实施颇感敬佩。黄老师通过对这节课的细细剖析，得出的结论是：深度学习需要以学习方式与规则的培养为基础，教学情境设计、过程安排需要以学生的学习为本，冲刺挑战性学习需要低起点、高冲刺，抽象概念的学习可以借助生活化学习、探究性学习、协同学习展开，巩固性练习可以回到生活化、探究性，深度学习要以培育学生的高阶思维为着力点。这些结论给深度学习带来新的启示。王晓叶老师这堂课已扎根在我的心里，成为我课堂实践的一个样板。

我的"安静、润泽"的课堂
——《扇形面积：割补法求特殊形状面积》课例分析
曹哲晖[①]

一、结缘学习共同体

说到佐藤学教授的《静悄悄的革命》，恐怕没有老师是不知道的。我虽然也听说过，但是从没有想到自己竟然有机会走进学习共同体，成为先期实践探索者中的一员。回想这几年，多少次在失败后困惑，也在反思中顿悟，每一步都迈得很艰难，但一条充满荆棘的求索之路就这样慢慢地在脚下延伸开来……

陈静静博士曾经拿着一份教学录像，在研讨会上和与会的老师共同进行课例分析。来自全国各地的老师们感叹道："上海的学生和老师就是不一样，上海的生源好，老师也棒，学生们能够如此安静、如此投入，协同如此默契，发言如此自信，这是我们不能比的。"陈静静博士说："如果我告诉您，这节课上的学生们70%是随迁子女，这位老师是一位非常普通的数学教师，他克服各种教学上的困难，只身投入教改，并让学生们从学习

[①] 课例文章作者系上海市高东中学教师。

中不断获取知识和快乐,您会做何感想呢?"

这个故事中的教师就是我,这些如此安静、投入、默契而又自信的学生,正是来自我的课堂。一次偶然的机会,陈静静博士和杨海燕老师来到上海市高东中学,问我想不想进行学习共同体的尝试。说实话,当时我正因为生源问题而对教学一筹莫展。我所在的高东中学地处外高桥保税区,本地生源不多,70%是随迁子女,学习基础和学习习惯差异很大,不用说学习成绩提升了,就连相互融合都有困难。为了解决这个问题,我想了很多办法,但是效果并不太明显。这次一听说要进行"协同学习"的尝试,我马上同意,摩拳擦掌,准备打个"翻身仗"。

二、学情分析

在阅读佐藤学教授的《学校的挑战》《教师的挑战》《学校见闻录》等专著的过程中,我发现佐藤学教授书中描述的学生情况与我班级的学生情况极为相似:注意力差,学习不积极,不思考,课堂效率低等。由于班级的生源构成比较复杂,在平时教学中,我无法顾及每一个学生的学习,经常顾此失彼,使得部分学生在课堂中处于游离状态,造成学习效率低下。为此,在课后我还需要花费额外的时间去帮助那些学习上跟不上的学生,教师和学生都非常吃力。

但是,在看完佐藤学教授的著作后,我非常兴奋,被书中许多日本学校的课堂实录深深吸引——在佐藤学教授走访的许多学校里,众多的教师在尝试新的教学方式,让学生们重新回到课堂,重新专注于课堂,师生都乐此不疲。

三、前期实践让我收获颇多

(一) 8人小组,自寻烦恼的"第一步"

阅读完三本书之后,我按照书中教师的做法,自己尝试了几次,结合自己班级状况进行了分组和分工，满怀期待地等待陈静静博士的到来。学生们听说要上公开课，既兴奋又紧张。第一次试验的课题为"一元一次方程的应用"，之所以选择这个内容，一方面是因为我觉得应用题既是重点也是难点，很多学生面对应用题非常头疼，缺乏解题意愿和技巧；另一方面，是因为应用题既然是难题，正好符合小组讨论的前提，个人解决不了，那就大家一起讨论着解决。

刚开始我并没有将小组人数的设定当作一回事。第一节试验课，我非常得意地将8人小组展现在大家面前，并将开放性的问题抛给学生讨论。结果整节课非常吵闹，场面一度失控，最后只能草草收场。

研讨中，陈静静博士建议我减少小组人数。起初我是拒绝的，因为我认为8人小组人多力量大，能集思广益，但仔细看完录像后就不再坚持——录像显示，组内讨论的时候，经常出现小组中学生自发地又分小组的情况，相隔最远的几位学生之间根本没有交流的机会，效率低下。在如此吵闹的环境下，还真的不清楚组内有多少同学懂了，有多少同学通过交流讨论出解题方案。

（二）6人小组，"吵闹"变"热闹"

吸取第一次吵闹低效的8人小组模式的教训后，我将他们分为6人小组，心想6人一组他们就能正常交流了。我也考虑到每个小组学生的性格、性别、学习能力、成绩等因素，尽量调整到合理状态。但是经历过第一次失败，我更忐忑了。

这次以"三元一次方程组"为课题进行试验，再一次暴露了我教学经验上的不足：考虑问题过于简单，加大题量作为协同学习的内容，不断抛出新的计算题。我以为小组中人多，大家一起计算，题多没什么。但事实证明，我的想法不符合学生的认知规律。很多学生在大题量的狂轰滥炸之下，疲于奔命，基础好的学生能马上解决并开始互相交流，但是基础弱的学生要么自己思考，要么找人抄答案，与协同学习背道而驰。

第二次的失败让我的内心开始挣扎起来。我开始怀疑自己，作为一个年轻教师，教学经验可能不足以支撑我完成这样的探索之路；很多同事也有些不理解，看到我整天在办公室为下一次的公开试验课忙碌着。他们听到我下个礼拜又要上公开课，一个个惊愕的表情历历在目。何必呢？何苦呢？同事们的想法我能理解，我那摇摆不定的内心也一度有想放弃的念头。

（三）课例研讨，"安静"不仅仅与人数有关

我们再一次进行了长时间的研讨。对数学课而言，一节课的流程基本上就是：引出问题—学生思考—教师给出解决方法—学生理解并掌握方法—练习并巩固—提高—复习。其中有些环节更需要学生独立思考、独立学习，之后再进行有针对性的、适当的小组交流。这样或许更可取，效率更高。

协同学习的效率，再次成为谈论的重点。虽然我将人数减少到6人一组，但实际学习效果和8人一组并没有区别。况且组数变多了，我需要关注的小组就更多了。虽然这次有选择性地关注某些小组和学生，但还是略显经验不足，控班比较吃力。

另外，科研指导老师提出某某学生比较内向，可以去重点关注；某某学生和某某学生在一个组里容易说话，应该拆分到两组……这些细致的意见对我控班能力的提升很有用。

我对协同学习有了更深入的理解，意识到在组织小组协同学习时还需要注意以下几个方面：

1. 关注部分学生的上课动态，特别是后排学生。
2. 协同学习的黄金时间为15~20分钟，次数1~2次为最佳。
3. 小组讨论解决本课的核心问题。
4. 发学习单，小组反馈，课后反馈。
5. 让学生互相配合、讨论交流，按先前后再左后的顺序，不在课上说无关的话，养成良好的学习习惯。
6. 教学环节上需调整，题目设计需更合理。

需要改进的措施：

1. 组员重新调整，4人一组，并注意变换形式。

2. 协同次数为一次，时间为10分钟。

3. 发学习单。

4. 规范课堂纪律。

四、安静、润泽的课堂是这样形成的

（一）我为什么选这节课

经历了种种失败后，我慢慢总结出一些经验。数学课并不是每节课都适合协同学习，也并不是每时每刻都需要协同学习，而是需要选择适当的学习内容，让学生有思考的欲望和空间，有讨论交流的冲动和想法，更有展示和分享自我的意愿。

结合当时的教学进度，我决定选择预备年级第二学期"扇形面积"的第二课时"割补法求特殊图形面积"进行深入探究。之所以不选择第一课时，有三方面的考虑。

首先，"扇形面积"第一课时主要是学习并掌握计算扇形面积的公式，并能应用该公式。这对于绝大多数学生来说是非常基础的一课，没有任何挑战性。真正具有挑战性的内容在第二课时：在掌握扇形面积计算公式的基础上，结合其他基本图形的计算公式和方法，让学生去处理一些较为复杂的图形问题，特别是一些不规则图形面积的计算。在这一过程中，蕴含着图形面积计算中的重要方法——割补法。习惯了套用公式计算规则图形面积，突然引入不规则图形面积的计算，这对学生来说是一次更高阶思维的挑战。

其次，几何图形的内容可以吸引学生的注意力。许多同学看到数字公式就特别头疼，一大堆抽象的东西在脑海中不停地打转，上课没多久，部分学生就显得非常疲劳。图形能瞬间抓住每个人的眼球，通过视觉的刺激激发大脑的运转，即使是一些代数计算不太好的学生，也能对图形进行观察和思考。俗话说，"三个臭皮匠，顶个诸葛亮"，几个平时数学一般的学生凑在一起讨论，往往也能碰撞出不可思议的结果。

最后，图形的直观性奠定了这节课的基调——易于上手。绝大多数学生能通过对图形的观察、思考，快速进入学习状态。每一个环节都在锻炼学生的观察能力，进而形成图形处理的能力；图形的多变性又决定了这节课具有另一个特点——难于精通。这也决定了问题将具有挑战性。比如，由各种基本图形组合出各种千奇百怪的图形增加了课程内容的不可预知性，为学生提供自由发挥的空间。有些问题一个人无法解决或者无法完美解决，需要大家一起出谋划策，这样就能实现从个人到团队再到个人的能力培养。而且，几何图形的学习对于预备年级的学生来说极其关键，直接影响他们后面对三角形、四边形甚至是多边形图形的深入学习。

（二）让课堂安静、润泽的五大法宝

教学内容的确定为我的实践明确了方向。接下来的问题是如何让学生在课堂中按照我所希望的方向推进下去，让课堂变得安静和润泽。工欲善其事，必先利其器，我特地准备了五件法宝来助力课堂的有效开展。

1. 精心打造教具，助力学习效果提升

制作什么样的教具让我在准备这节课时伤透了脑筋。虽然通过电脑动态演示可以让学生观察，但是我坚信只有亲身体验、动手实践，才能让学习变得更加深刻，激发全方位的学习感官。所以，我一定要将这个教具制作出来。

为了在这节课中体现出特殊图形叠合的状态，起初我打算用白纸准备一套基本图形（扇形、长方形、正方形、长方形等），将其提供给每个小组进行实践操作。但是自己做完成品后发现一个致命缺点，叠合之后的图形根本看不到，而且纸张容易破损，不利于循环利用。我重新选材，选了透明塑料片，类似于实物投影仪上的幻灯片，从强度上说没有任何问题，但是纯透明的材质在叠合之后所形成的特殊图形依然是透明的，不利

于学生观察，所以我还是不满意。其间，我也尝试用水彩笔涂色，但是水彩无法附着在塑料片上，很容易掉色，各大网站上也没有现成的理想材料。正当我走投无路时，忽然想起PPT软件里有一个填充色透明度的设置，这给了我极大的启发。我将制作好的基本图形进行颜色填充，设置成灰色、50%透明，利用办公室里的激光打印机制作出成品（见图4.1）。终于成功了，我这一刻的心情无以言表，无论拼接还是叠合，都达到了我所要的效果。

图4.1　教具

2. 挑战核心问题凸显，用学习单引领合作

（1）学习单将同学们凝聚起来了。

学习单（见图4.2）的设计将课堂学习推向了更高的层次。学生更加专注于学习内容，比如学习单上具有发散性的问题、能引起争论的问题、可以得到不同结果的问题等，都会无形中将同学们的思维汇聚到一起。面对挑

要求：动手组合塑料片，组合出特殊形状并打上阴影，至少有一个扇形参与其中，之后将其画在纸上，一起交流计算特殊形状部分面积的方法。

画出图形并在特殊图形上画阴影：	
绘图区	特殊形状面积计算记录区
（绘图示例）	

图4.2　学习单

战，教师应把学习的时间充分留给学生，增加学生之间互教、互学的机会。在此过程中，教师要起到穿针引线的作用，让学生充分理解和掌握割补法。

本环节的要求是学生利用手中的基本图形拼接出各种特殊图形并计算面积。此题具有很强的发散性。结合扇形塑料片，学生能拼接出各种形状的特殊图形。在这样的情况下，协同学习所呈现出来的想象力和创造力是无限的。面对这样的挑战，学生非常投入，都能参与到问题解决过程中，提供自己的想法。

（2）"可挑战性"才是学习单的主角。

我进行了两次递进式的协同学习：第一次协同激发大家的学习兴趣，第二次协同提升难度，充分发挥协同学习单的优势（见图4.3）。例如，此题的计算思路和方法多样，利用协同的优势，大家一起讨论，分工明确，有的在想计算方法，有的在写计算步骤，有的则在仔细倾听大家的意见，充分体现出小组互相协作、互帮互助的团队精神。

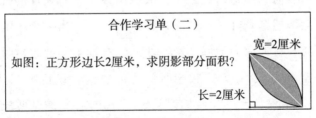

图4.3　合作学习单

（3）评价是学习单的重要一环。

教师要对学生在协同学习过程中使用学习单的情况及时评价，可对学生的学习成果进行量化评价，同时引入相应的评分标准对学习成果给予打分，并在组间进行竞争。这样会激发学生的积极性。

对学生来说，每个小组内的协同程度不同，每个组员的参与程度也不同，此时在学习单中引入学生之间的自评和互评机制会激发他们的凝聚力。自评的作用在于让组员对自身参与协同学习的表现进行评价，从而让自身更好地投入讨论环节，为小组学习提供智慧；互评是组员间的评价，既能互相监督，又能起到互相支持和鼓励的作用。比如下页表4.1：

表 4.1　学习单评价表

评价项目	自评	组内互评
是否参与到交流讨论中		
为交流讨论提供建议和想法		

当然，教师也应当引导学生在互评时以鼓励和肯定为主，避免出现恶意差评的情况，从而打击学生投入协同学习的积极性。

3. 平心静气，给学生创造轻松柔和的学习环境

为了能与学生在课堂上形成默契，每次课后我都会与他们谈心，了解到他们很多时候是因为担心做错题而被老师责备，所以讨论时放不开。于是，我把自己学生时代的"事迹"分享给大家，拉近彼此的距离。有时候，我也直接参与到小组讨论之中，故意回答错，将表现的机会让给同学们，让他们觉得超越老师是一件非常得意的事情。当一个小组的表现非常精彩时，我会号召大家为他们喝彩。注意到有学生不敢表达时，我会与组内其他同学唱起双簧："大家很想听听你的想法，说说吧。"他们心领神会："对啊，说错没关系的，我们说的也不一定对。"教师要放低姿态，走进学生的世界，了解他们的想法，包容他们的错误，与他们建立平等的师生关系，让他们觉得学习是一件没有压力和负担的事情。

本节课我设定 4 人一组，面对面坐，和常规坐法有些许区别。这是为了保证每个人都有平等展现自己想法的机会。无论从空间还是时间上，它都有效保证了学生思考、交流、展示自我的机会。在这样的 4 人环境中，有些平时默默无闻的同学有了开口的勇气，因为面对的是同龄人，在感受到学习安全的情况下，大家都愿意开口交流了，即使说错也只有组内的 3 个人知道，这比平时常规课中因为回答错误而被全班同学质疑甚至是嘲笑要好上百倍。另外，4 人小组能自然形成讨论氛围，你看看我，我看看你，有什么不懂的，一句话便能交流起来，还能左右交叉讨论，好比 4 个人在

一起边吃饭边聊天，氛围非常轻松、惬意。

同学们在这样的一种学习环境中学习，学习热情会被互相影响和激发，慢慢地会觉得学习是一件非常快乐的事情。在同伴互助的氛围中，学生会觉得自己是不可缺失的一部分：谁都能提供一些有用的想法，成为课堂中的亮点；谁都愿意为自己的小团队贡献出一份微薄之力，让大家取得更好的表现。

4. 制定规则，建立互相倾听、互相尊重的协同关系

佐藤学教授提出：教师最重要的工作不是"说"而是"虚心倾听"，是"保障所有学生的学习权"，促进学生之间的相互倾听。起初大家并没有互相倾听的习惯，在交流时，有人会打断，有人会争论，还有人会游离在讨论之外。为此，我开展了一堂"互相尊重"的主题班会，将试验课上各种讨论中的细节录像回放给大家看，并以"互相尊重""平等合作"等关键词引导大家思考。大家都意识到了问题所在。

按照我的要求，4人小组中，A同学在发言时，其他三位要认真听，轮到B发言，其他三位同样要认真听，以此类推。如果有不同见解，需要等同学讲完再交流。这样的规则意识在大家的脑海中生根发芽，收获到的将不仅仅是学会互相倾听，更会让学生懂得如何互相尊重。

佐藤学教授相信，儿童之间有着天然的心心相印、共同学习的倾向与默契，他们会在同伴给出精彩答案的时候鼓掌或赞叹，也会在同伴遇到困难的时候替他着急、苦恼。同伴关系越密切，共同挑战高质量学习任务的愿望就越强烈。所以，我要求大家互相加油鼓励，让每个人都能感受到大家的关心、关注，形成彼此间的默契，提高协同学习的效率。

5. 精心设计课件，提升教学品质

几何画板在几何图形教学上有得天独厚的优势，制作简单，动态直观，对于图形的变化过程体现得非常详尽，让学生可以通过观察，了解图形变化特点，从而找出内在的数学规律，归纳出方法。我充分运用几何画

板这一特点，将课件内容动态化。

比如，在引入环节，计算两个图形（见图4.4a）面积非常简单，每个学生都能套用公式计算出结果；进入第二个题目（见图4.4b），教师运用几何画板进行动态演示，将扇形和正方形组合起来。这动态演示让学生观察到了图形的变化，从而轻松计算出$S1$的面积——正方形面积减去扇形面积就能得到特殊图形面积。这样的直观演示贯穿整堂课，就可以使学生更深刻地掌握"割补法"最基本也是最重要的思想。

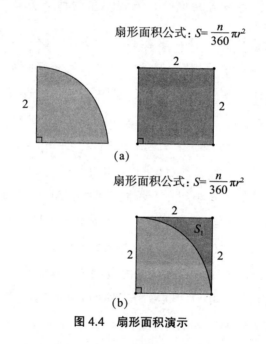

图4.4　扇形面积演示

如果在引入阶段直接给出图4.4b让同学思考，缺少了必要的引导，肯定会"拦截掉"一小部分学生，这对于引入学习是非常不利的。

再如，在第三个环节，这已经进入课程的关键冲刺阶段，有一定的难度。左右两图形（见下页图4.5）看似不相关，但是在图形变化和计算方法上有着内在联系，右图由左图变化而来，通过几何画板的动态演示，将左图中边长增加到4厘米，就可以看到原本左图中两个重叠的小扇形变化成右图中的一个大扇形和一个小扇形。

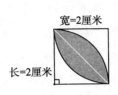

如图：长方形长是4厘米，宽是2厘米，求阴影部分面积。
问题1：求大扇形面积。
问题2：求S_1面积。

图4.5 扇形面积冲刺性问题

顺利过渡到右图问题后，学生的思路也随之转换了过来，但是依然没有忘记前一题的解决方法，自然而然地将方法迁移到这个问题中，再结合手中的教具亲手实践操作，起到补充和加深理解的作用。即使在演示阶段，有部分同学无法快速理解，仍可以通过同伴间的相互协同交流克服思维上的阻碍。同时，右图通过搭建"思维阶梯"，以阶梯式的提问方式，让学生一步步走向解决问题的终点。

在制作课件的时候，我完全站在学生的角度去考虑问题，特别是在图形变化、问题设置、环节转换、文字显示等各个细节方面考虑到位。有时候自己在备课时觉得很好理解的一个小问题在课堂上也可能成为压死学生的一根稻草。所以，在备课时，教师应该做好充足的准备和预案。

五、课堂实录

（一）在玩乐中共同学习，共同成长

课堂前10分钟的学习是学生个人独立思考时间。在这个环节里，每个人都明确了图形的面积计算公式和割补法思想。之后，同学们迅速转换成小组讨论模式。当我将事先准备好的教具和学习单分发到每个小组时，学生们都好奇地看着那些塑料片。

教学节选：

同学们应该已经初步掌握了求阴影部分面积的方法，接下来给大家看一个图形，仔细观察，你们能利用手中的图形拼出来这个题目的阴影部分

吗？（请拼出来的同学高高举起你们的图形。）如何计算面积？

如图 4.6，在边长为 2 厘米的正方形中，求阴影部分的面积。

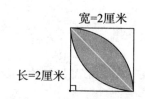

图 4.6　扇形面积冲刺性问题

讨论重点：

（1）用什么办法求阴影部分面积？

（2）有基本图形吗？

（3）用不同的方法计算出答案。

大家开始忙碌起来，每个小组共用一套教具，商量如何拼出这个图形。一个学生在尝试，另外三个就认真看着，如果不行就换另一个学生试，整个课堂安静而有序。很快就有了结果，好几个小组都争先举起手中的成品，展示给我看。他们将两个扇形紧紧堆叠在一起，非常明显地看出了中间重叠的部分。带着成功的喜悦，大家立即进入了计算环节，每个人都在为各自的小组提供解决问题的想法，甚至那些平时基础不好的同学也是一边"玩"一边想，若有所思的模样丝毫看不出脱离集体的样子。到了展示环节，小组代表早已收集好组内的讨论成果。好几个代表展示出不止一种方法。尽管很多方法是重复的，但是上来展示的同学依然说得很投入，因为这是他们共同努力学习的结果，一定要和大家分享。

（二）每个同学都争着去做

有时候，学生的想法和思维真的无法预测，特别是在课上被充分激发之后的那种积极投入和自信，让我眼前一亮。这样的场景，我无法忘记。

教学节选：

在这个环节中，我提供给学生一些基本图形，要求他们用这些图形

（见图 4.7，必须搭配扇形）组合出特殊形状并计算出面积。当同学们拿到教具和学习单时，都特别兴奋，之前的试验课上也有类似的教具，但是他们从来没有像今天在这节课上这么激动和跃跃欲试。还没等我宣布开始，许多学生已经开始偷偷地玩弄那些教具，我从他们的眼神中能看出自信。

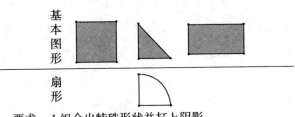

要求：1.组合出特殊形状并打上阴影。
（至少要用到一个扇形。）
2.画出示意图。
3.计算特殊形状面积并记录。
4.小组派代表说说计算方法和结果。

图 4.7　扇形面积合作性问题

在讨论过程中，每个小组都组合出了不同的图案，有简单的，也有复杂的，但每个人都极力想要拼出与其他同学不一样的结果。不管图案如何，都出自学生的亲手操作、思考、计算，非常棒！

当然，也有组合出复杂图案的。比如，有小组干脆将两个扇形叠起来（见图 4.8），得到许多出乎意料的图案，然后又讨论如何计算面积，忙得不亦乐乎。他们都想第一个计算出结果，但是最终还是因为客观原因不得不向我求助。

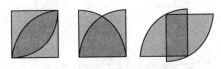

图 4.8　小组同学图形组合展示

虽然有些图案的面积计算无法通过他们现有的知识去解决，但是学生的想象力和思维力被充分激发，无法解决的问题就像一颗颗种子一样深埋在他们脑海中，等到将来学习到更多的方法后，现在的遗留问题必能顺利解决。当时我便表达了对这些小组深深的敬佩之情，同时也感慨，只要给到学生合适的思维平台，他们便能创造出无限可能，激发出无限的学习活力。

（三）安静、润泽的课堂如此诱人

互助。从头至尾，每个小组都紧跟我所设置的每一个环节学习，哪怕是基础不好的学生都没有掉队，因为他们知道，身边有同伴的帮助，在困难的时候可以求助，而被求助的同学也会很乐意去教会他。有一个细节让我特别感动：在进入最后一个环节挑战时，一个小组内有位同学怎么都无法理解这个阴影部分是如何计算的（见图4.9），于是旁边的同学停下自己算到一半的过程，慢慢向他讲解，告诉他"先用长方形面积减去上面小扇形的面积，可以得到下面那个白色图形的面积"，边讲边用笔在图上勾勒出轮廓，"然后再用那个4厘米半径的大扇形减掉下面那个白色的面积就能得到阴影部分的面积了"。说完，求助者恍然大悟，连忙和同伴们一起投入计算当中。

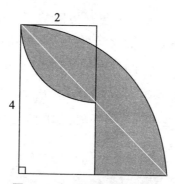

图4.9 扇形面积挑战性问题

积极。学习中最快乐的事情莫过于"我明白了""我懂了"那一瞬间的顿悟。分享自己的学习成果也成了延续喜悦的最佳方式。在第三个环节，由于问题有很多种方法解决，其中一位同学讲解道："我们可以先用正方形的面积减去一个扇形面积，从而得到其中一个白色的角面积，然后再乘以2，最后再用正方形的面积减去两个白色角的面积就能得到叶子形状的面积。"

（见图 4.10）

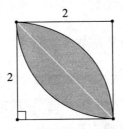

图 4.10　关键冲刺环节问题

有同学一听，这个方法和自己的不一样，瞬间把小手举得高高的。"老师，这道题目还能这样做，先分别计算扇形和三角形的面积，然后扇形减三角形得到一个弓形的面积，最后弓形面积乘以 2 就能得到叶子形状的面积。"说完，教室中依然还有很多小手不肯放下，因为我知道还有许多解题方法，大家都不肯错过这个表达的机会。我不忍心打断，继续把时间交给同学们……

总之，还有很多细节让我感动，大家完全进入了一个高效率的学习状态，一次次挑战让同学们欲罢不能。教师看不到学生往日沮丧无助的眼神，看不到学生发呆的表情，他们真正地在一起学习，在学习中得到更多的体验和收获。这才是我想要看到的课堂。

这堂课非常顺利，充分展示了我在学习共同体中探究的成果。陈静静博士一路的指导，让我看到了自己的蜕变，也看到了学生的成长。我们从一个吵吵闹闹、乱乱哄哄的班级，慢慢变成一个安静有序、爱思考的学习共同体。这里离不开的是对小组合作学习的不断思考和对个体长期以来的细心呵护和指导，这使学生们更容易融入小组团队，也离不开对教学方法、技能和能力的自我突破。

六、课后研讨反思

星星之火，可以燎原。独自在教学试验之路上先行一步后，我将带领学校的同事们继续深入协同学习的研究。学校也大力支持我开展课题，让数学组的多名教师共同参与探索。

（一）"协同学习"课堂的挑战

我们学校的情况比较复杂，初中部每个班级都有大量的随迁子女，而且学生的基础普遍不好，这势必给协同学习的开展带来许多阻力。一些同事也缺乏尝试改变课堂的兴趣。虽然学校鼓励，但是由于害怕失败，只有少数青年教师有胆量进行尝试。我对其中的原因进行了分析。

首先，教师缺乏改变自己的勇气和决心。改变意味着反思、审视，甚至否定自己，意味着克服自身缺点，意味着突破自己。协同学习课堂的建立需要教师花费大量精力，而且会经历一次次的失败，延后性使其在几年内不一定能看到效果。所以，很多教师不敢冒险。虽然我的努力能影响周围的同事们，带动他们一起改变课堂，但是阻力依然很大。

其次，教师对协同学习课堂存在认知误区。很多老师认为讲得越多越仔细越好，学生就能更好理解，他们也担心课堂没有了教师的掌控，学生就会散掉，教学无法进行下去。其实，越是返璞归真、安安静静的课堂，学生越专注于学习；越是学生之间心心相印、默契十足的课堂，学生的学习主动性越是高涨；越是虚怀若谷、惜字如金的教师，越能够带领学生挑战高难度的课题。很多教师在课堂上总会滔滔不绝，虽然课上得行云流水、潇洒流畅，但是他们往往忽略了学生的学习效果，没有给他们创设安静的环境，没有认真倾听学生的声音。

（二）我们做好了迎接挑战的准备

目前，我的团队将继续以协同学习研究为主线，深入下去，以我个人的研究经验带动整个团队进行多方面的细化研究，希望在学校层面建立一个有效的协同学习课堂。为此，我们还需要做到以下几点。

其一，以课例研究为主线，开放自己的课堂。协同学习课堂的建立，一定不能闭门造车。只有将自身的问题暴露出来，才能不断改进。进行课例研究正是探索的最佳途径，以教研组为载体，形成研究共同体，无论是青年教师还是老教师，都应该开放自己的课堂，在教学技能、教学方法及教学理念上不断调整和更新，坚持一个学段周期的探索甚至更久，才能有所收获。

其二，以学生为主体，充分赋予学生学习权。以教师讲授为主的课堂教学模式已经落后了，教师要打破原有的教学模式，让学生将学习的权利掌握在他们自己手中。在协同学习的课堂中，学生以互相倾听、互相学习为主，教师作为课堂的引导者，带领学生挑战每一个难关。在学生的学习权利被充分尊重的前提下，润泽的课堂才会形成。

其三，重视学生"学"到了什么，而不是教师"教"了什么。教的目的就是学，无论教师教得多好，学生无法吸纳，那就没有任何意义。从某种程度上讲，以学定教的思想，在协同学习中也是适用的。关注学生的学，关注在课堂上发生的一些学习活动、学生遭遇的困难等，深入了解学生在学习过程中的各种状态，才能真正"拨云见雾"。

其四，建立研究共同体，学他人之长，补自身之短。指出他人教学上的问题是以往课后研讨必不可少的环节，不过，这个观念需要改变，我们需要看到他人的长处，如在这堂课中我们学到了什么？这些能否运用到我的试验探索中？这不仅是对他人优点的吸取，更是对自身的沉淀和反思。在互相学习的过程中，同事间的学习共同体就在无形中形成了。

回首这几年，我们一路走来，通过改变自己，改变课堂，将现有的教学模式进行完善和补充，收获颇多。充分发挥协同学习的优点，并加以合理运用，让学生在轻松的环境中学习，这是我和同事们坚持改革的愿景和目标。

"一个人走得快，但一群人走得更远。"这就是学习共同体的魅力。我和我的团队在探索之路上获得了许多宝贵的经验，这远比当初我一个人摸索时获得的多得多。宁静的课堂革命需要大家一起努力。

立足数学学科本质表达与交流的课堂实践
——一次别开生面的数学模拟课

张丽芝[①]

数学"学科育人"的研究已经在上海乃至全国铺开了很多年,"表达与交流"的研究主题一直是其中一个非常重要的方向。我在初中数学课堂教学中摸索小组合作有十几年的时间,但当我以观察员的身份坐到合作小组的旁边,开始进行初中数学小组合作中"学习共同体"的主题观察之后,发现很多反复改进的初中数学课堂的合作小组并没有实现我们所期望的广泛而深入的互动交流。即使是表面看较成功的"小先生"式的"好差"搭档,对于学习困难学生的学习主动性也没有明显提升。特别是组间竞赛式的小组合作,为了抢"最快速度",组内的交流常常浮于表面而不能达到深层次的思维碰撞。如何让学生真正投入学习,我还需要进一步去探索。

---

① 课例文章作者系上海市南汇第二中学教师。

一、认真倾听的"慢"课堂

在重读《教师的挑战》《教师花传书》等著作的过程中,我发现自己前几年的教学中,过多地关注了学生"说"的权利,却忽视了"听"的能力培养。我还需要引导学生学会倾听,通过良好的"串联"与"反刍"建立与同伴的关联、与书本的关联以及与过去经验的关联。这种培养"听"的课堂,一定是慢下来的课堂。

为此,我参与到陈静静博士组织的课例研究中来。在观看林文生校长执教的"几何与图文"时,我惊讶地发现整节课上只有一道题,是关于浸在圆柱体容器中的圆柱体体积与水的高度的转换。这节课林校长想解决的问题是:如何引导小学生的问题阅读。整堂课用了大约 1 小时。

首先,林校长带孩子们回忆了课堂的三个原则:倾听、记录;勇敢地说出"我不会";热情分享。然后提出"慢课堂"理念,出示题目,要求孩子们"慢读题":圈出重要信息,读不懂的地方请教同学。之后,林校长便把大量的时间留给了孩子们。福建的林莘校长描述的一点儿不错,林校长课堂中最突出的一个特点就是"点头""点头""点头"……

课堂快结束的时候,进入课堂小结环节,林校长让孩子们说说这种互相帮助的学习有什么意义。我感觉前面两三个小组基本上已经总结得很全面了,后面的小组估计只有重复前面小组的观点。然而,竟然没有任何两个小组的回答是相同的!我几乎是屏息听完小组的分享,依然不敢相信,这只是一群小学生。

二、学困生与学优生可能形成数学对话吗

看完课例录像,我们数学组的老师计划来一次有趣的教学尝试,那就是做一次别开生面的模拟课,由老师来模拟学生的学习过程,体验一下学生学习数学过程中的苦与乐。在集体备课的过程中,我们初中数学分会场

始终在争论的问题是：学困生与学优生可能形成数学对话吗？

初中数学第一节模拟课的学生扮演以数学老师为主，另外有五位小学语文组的老师支援过来充当学习困难学生，加上本会场的一位文科老师，本课六个小组都有了一个"学困生"。执教老师是没有共同体实践经验的周老师。本文仅以小组成员的身份记录我所在小组"学困生"的学习情况。

需要说明的是，因为中小学数学人员调整，此前并没有形成稳固的学习共同体。这节课我的小组一共有六位老师，过来支援的是小学语文教师A，旁边是数学出身的初中物理教师B。

执教老师抛出问题1：已知一个等腰梯形的一边底长为10，高为12，腰长为15，求该梯形另一底边的长。教师A表现出典型的学困生特征，完全忘记了勾股定理是什么，也不好意思深入问，用手机查好了公式，可是仍然不会算。教师B提醒她："勾3股4弦5，可得第3边为9。"虽然A参考列出了算式，但一直纠结在这里。随后是问题2：已知梯形的一个边长为24，高为12，两腰分别为15和20，求该梯形另一底边的长。虽然刚才旁边学友告诉她可以用"勾3股4弦5"，但这位老师只会模仿上一题的"15，12，9"这组勾股数组，另一半的"20，12"这两个数据如何用她却找不到办法，因为按查得的公式计算 $\sqrt{20^2-12^2}=\sqrt{256}$，需要给256开平方，而手机的计算器上并没有开方功能，于是卡在这里。事实上，这仍然是一组满足比例为3∶4∶5的勾股数组。也就是说：此前的两人对话是失败的。

在我教教师A的过程中，徐颖老师也过来帮忙。我从图形中的数据关系找到3∶4∶5的比教起，而徐老师的视角是直接从勾股定理的公式 $\sqrt{20^2-12^2}$ 巧算入手，找到20和12的公因数4并将其提出来，然后就转换为3∶4∶5的比。这是代数、几何两种不同的视角，希望可以帮助A老师彻底理解勾股定理满足3∶4∶5的特征的计算方法。

我们发现，这节课用大约1个小时解决了两个问题（问题2是问题1的变式），其实仅涉及两个重要知识点：勾股定理和梯形的定义。较之平时的数学课，它的节奏慢了，老师也非常成功地把舞台让给了"学生"，同伴之间的交流也多了，这也给了学困生机会。但是学困生能否因此而获得学习数学的自信并跟上大家的步伐，其实仍然是一个问题。

正如浦东新区学科带头人、兼职教研员黄喆老师总结的，如果不是这样细致的学生活动观察分析，本节课的教学重点是分类讨论的数学思想，老师可能无法想象学困生根本没有机会进入这样的学习中，因为他可能在此之前就被勾股定理或是 $\sqrt{256}$ 计算这样的问题挡在了门外。课堂观察给了我们老师这样的机会。可是小组学习中这样的问题有可能得到解决吗？或者说小组学习为他提供了这样的机会，但能否解决更主要的是看学困生是否有追根究底的信心，以及同组伙伴能否找到帮助他的路径。

三、从不同表达形式看学生数学思维的引导与对话交流

第二节模拟课，由黄喆老师执教，研究主题是：如何以共同体深入数学学科本质。我们决定做几点改变：一是模拟课堂上的学生没有外来的支援者，均是中学数理组的老师；二是选题不含任何初中的知识点，知识层面基本限于小学，问题1较简单，属于热身，问题2过程复杂，需要数学建模；三是为了交流更充分，制定了新的课堂规则，强调生生平等关系，交流方式是先独立思考5分钟左右，再进入小组讨论环节；小组根据抽签结果依次发言，会的同学尽量叙述出自己思考的过程，不会的同学尽量叙述出自己的困惑点；小组讨论后，根据抽签结果，每组推选代表上台表述组内意见，表述一轮后再欢迎个别发言。

课前黄喆老师先用5分钟介绍课堂规则并解释问题1。

问题1：有3个人去投宿，一晚30元。3个人每人掏了10元凑够30元交给了老板。后来老板说今天优惠只要25元就够了，拿出5元让服务生退还给他们。服务生偷偷藏起了2元，然后把剩下的3元分给了那3个人，每人分到1元。这样，一开始每人掏了10元，现在又退回1元，也就是10-1=9，每人只花了9元钱，3个人每人9元，3×9+2=29元，还有1元钱去了哪里？

此题独立思考时间为 7 分钟，小组讨论为 8 分钟，交流时间为 6 分 30 秒。在此过程中，我抓拍了一些老师的分析与思维过程（见表 4.2）。

表 4.2　黄喆老师数学课上问题 1 学员的思维过程

类型	图 1	图 2	说明
从图到文的说明			两幅图用不同形式说明题目要表达的问题
从图到文的说明			同一位学员的作品，先以图的形式分析（图 1），再附之以文字的说明（图 2）
改进的表达			改进后的表达，等量关系更明确

表达也是一种数学化的过程，是用各种图、表、式子解读题目的过程。学员们在解决问题的时候采用了不同的表达形式，一个老师掌握的表达形式越多，和学困生沟通的能力也就越强。如第二行的这两幅图是同一位学员的作品，图文结合的形式更有利于帮助学生理解。对于学生，表达的形式越丰富，探究解决生活问题的路径可能就更多，更有利于数学的创造与数学思维的发展。第三行的两幅图，想说明从个人学习到小组讨论的作用——进一步完善表达，事实上这位学员在代表小组汇报的时候在前面白板上画出的又是另一幅图（非常遗憾没有拍到），整个过程就是在不断修正表达。下面大概介绍一下全班交流的情况。

教师1：我属于文科思维，选择用画小人的形式表示流入流出的等量关系，用具象思维解决抽象问题……因为3×9=25+2，等式成立，那个2元不应该和27元相加，那个"1"是陷阱。但是本组数学老师的解释我没听懂。

教师2：我尝试解释那个"1元"从哪里来，因为每人退回1元，9−1=8，3×8=24，25−24=1……

教师3：3×9=25+2这个等式中，2元已经包含在27元中，27+2属于重复相加，形成误导。

教师1：（追问）可是为什么会出来"1"呢？

教师3：纯属"凑巧"。

教师4：（再次强调）2元已经包含在27元中，27+2没有任何意义。

教师1：可是为什么恰好是1元，而不是2元、3元呢？

教师5：假如一件物品2元钱，你付出2元，老板收到2元，能不能说总的交易量是4元钱？

教师1：（若有所悟的样子）……

应该说，这是一段典型的学困生与学优生的对话。教师1是唯一的一位文科老师，非常好地演绎了学困生的思维。尽管教师3、教师4所强调的"2元已经包含在27元中"是非常专业的解答，事实上教师1自己此前已有领悟，而她困惑的"为什么恰好是1"的问题一直到教师5才算给出一个有说服力的解答。我觉得立足原题的解答似乎更恰当：把题目"后来老板说今天优惠只要25元，拿出5元让服务生退还。服务生偷偷藏起了2元，然后把剩下的3元钱分给了那三个人，每人分到1元"这部分改为"后来老板说今天优惠只要24元，拿出6元让服务生退还。服务生偷偷藏起了3元，然后把剩下的3元钱分给了那三个人，每人分到1元"，这样一开始每人掏了10元，现在又退回1元，也就是10−1=9，每人只花了9元钱，3个人每人9元，照原算法3×9+3=30元，现在就不存在1元的问题。如果改为"后来老板说今天优惠只要22元，拿出8元让服务生退还。服务生偷偷藏起了2元，然后把剩下的6元钱分给了他们每人2元"，这样一开始每人掏了10元，现在又退回2元，也就是10−2=8，每人只花了

8元钱，3个人每人8元，照原算法3×8+2=26元，这样就缺了4元。所以，错误的方法可以得到更多错误的结果，重要的不是错了多少，而是错在哪里。抓本质是数学的重要特征。

在交流的过程中，我发现教师2虽然理解了教师1的困惑处，却没有理解题目本身的错误原因；教师3与教师4虽然理解了题目本身的错误，却没有明白教师1的困惑。也就是说，即使是有经验的数学老师，对学困生的"困难点"还是会有把握不到位之处。那么，这种困惑有可能在学习共同体的协作学习中解决吗？

问题2：啤酒2元一瓶，4个瓶盖可换一瓶啤酒，2个空瓶也可换一瓶啤酒，10元最多可以喝多少瓶啤酒？（可以向老板赊"空瓶"与"瓶盖"。）

此题独立解题9分30秒，其间有个别讨论；老师要求开始讨论后还有5分钟时间独立学习，到14分30秒时开始有热烈讨论，到26分30秒依然是无法阻止的讨论，直到有人上前讲解。表4.3中罗列了学员分析问题的一些不同方法（后面交流过程中的部分方法没有列入其中）。

表4.3　黄喆老师数学课上问题2学员的思维过程

符号表达		
字母表达		

从表 4.3 中，我们可以看出，即使数学老师的问题解决也并不都是一步到位的，而是有一个逐渐抽象化的过程，而且不同人的习惯和风格也各不相同，有喜欢用符号的，有喜欢用字母的，有喜欢画图的，有喜欢列表的，后面还会看到有老师直接列算式或方程。

本题的全班交流从前次交流没发言的小组开始（记录中对个别表达的细节进行了一些调整，如统一约定用"瓶 1"表示 1 个空瓶，用"1 瓶啤酒"表示"瓶 1+ 盖 1+ 酒 1"等）。

教师 6：开始没想明白可以赊，先买 2 瓶啤酒（因为买 1 瓶不能换），直到没得换了才想起来可以赊的，一共喝到 16 瓶啤酒。同伴算出可以喝 20 瓶，如何实现呢？如果是 100 元呢？有没有普适性的规律？（见表 4.4）

表 4.4　教师 6 的思路以黄喆老师推荐的表格形式展开

步骤	瓶	盖	总共喝到的啤酒（瓶）	备注
1	5	5	5	10 元全部用掉
2	4	4	8	瓶 4、盖 4 换 3 瓶啤酒
3	3	3	11	瓶 4、盖 4 换 3 瓶啤酒
4	2	4	12	瓶 2 换 1 瓶啤酒
5	2	2	14	瓶 2、盖 4 换 2 瓶啤酒
6	1	2	15	瓶 2 换 1 瓶啤酒
7	1	1	16	瓶 1= 盖 2，一共换 1 瓶啤酒

教师 7 列式如下：

$$4 \text{ 盖} = 1 \text{ 瓶啤酒} = 2 \text{ 元，所以 } 1 \text{ 盖} = 0.5 \text{ 元}$$

$$2 \text{ 瓶} = 1 \text{ 瓶啤酒} = 2 \text{ 元，所以 } 1 \text{ 瓶} = 1 \text{ 元}$$

$$一瓶啤酒 2 \text{ 元，所以酒} = 2 - 1 - 0.5 = 0.5 \text{（元/瓶）}$$

$$10 \div 0.5 = 20 \text{（瓶）}$$

实现方式：可以后付钱，先要 20 瓶啤酒，20 个瓶抵 10 瓶啤酒，20 个盖抵 5 瓶啤酒，剩的 5 瓶啤酒付 10 元。

教师 8：这方法太牛了，我都实在不好意思把自己的方法拿出来，我是画示意图的（如表 4.3 中第 2 行第 2 列图）。

教师 9 画流程图如下：

$$\left\{\begin{array}{l}瓶5\\盖5\end{array}\right.\xrightarrow{1}\left\{\begin{array}{l}2瓶啤酒+瓶1\\1瓶啤酒+盖1\end{array}\right.\xrightarrow{2}\left\{\begin{array}{l}瓶4\\盖4\end{array}\right.\xrightarrow{3}\left\{\begin{array}{l}瓶3\\盖3\end{array}\right.\xrightarrow{4}\left\{\begin{array}{l}瓶3\\盖3\end{array}\right.\xrightarrow{5}\left\{\begin{array}{l}瓶3\\盖3\end{array}\right.\xrightarrow{6}还清\left\{\begin{array}{l}瓶3\\盖3\end{array}\right.$$

到步骤 4 时，赊瓶 1、盖 1，凑瓶 4、盖 4，则同上，下同，下下同，共欠 3 瓶 3 盖，最后还清，共喝到啤酒 5+3+3+3+3+3=20（瓶）。

黄喆老师：这个过程可以有不同的表现形式，除了图示法，还可以用列表法。

教师 10：我觉得最关键的是题目中用了一个"换"字，所以误导大家一直在那里换，如果改成"啤酒 2 元 1 瓶，4 个瓶盖退 2 元，2 个空瓶也可退 2 元"，问题就简单多了。

教师 5：受前面老师的启发，我觉得是不是还可以这样？

$$\left.\begin{array}{l}盖4=1瓶啤酒\\瓶2=1瓶啤酒\end{array}\right\}\xrightarrow{1}盖2+瓶1=1瓶啤酒\xrightarrow{2}盖1=酒1\xrightarrow{3}共喝20瓶$$

事实上，此过程跳步很多，显得不够严谨。由步骤 1 我们发现用了等式两边相加，由步骤 2 可以看出等式两边同减盖 1 瓶 1，但步骤 3 是如何跳出来的却不得而知。事实上，这个过程有点像解方程组，我们不妨设三个未知数，1 瓶 x 元，1 盖 y 元，1 酒 z 元，根据题意得：

$$\begin{cases}x+y+z=2\\2x=x+y+z\\4y=x+y+z\end{cases}$$

解这个方程组的方法即体现为教师 7 和教师 5 的思路。那么，有没有更简单的方程呢？最后执教的黄喆老师给出如下方法：

设一共喝到 A 瓶啤酒，则 $A=5+\dfrac{A}{2}+\dfrac{A}{4}$，

其中 $\dfrac{A}{2}$ 是用瓶换的，$\dfrac{A}{4}$ 是用盖换的，

则解得 $A=20$，所以共喝 20 瓶。

其实，我们可以发现这个思路是教师 7 实现方案的代数版。

教师 6 的尝试也不是一条断头路，做到这里也可以做下去的，如表 4.5。

表 4.5　教师 6 思路延续版

步骤	瓶	盖	总共喝到的啤酒（瓶）	备注
1	5	5	5	10 元全部用掉
2	4	4	8	瓶 4、盖 4 换 3 瓶啤酒
3	3	3	11	瓶 4、盖 4 换 3 瓶啤酒
4	2	4	12	瓶 2 换 1 瓶啤酒
5	2	2	14	瓶 2、盖 4 换 2 瓶啤酒
6	1	3	15	瓶 2 换 1 瓶啤酒
7	1	1	17	赊瓶 1，盖 1，换 2 瓶啤酒，直接还
8	0	2	18	赊瓶 1，瓶 2 换 1 瓶啤酒，直接还
9	1	−1	19	赊盖 2，换 1 瓶啤酒，还盖 1
10	0	0	20	赊瓶 1，换 1 瓶啤酒，还瓶 1 盖 1

方法有优劣，思维无定法。并不是每个人都可能成为教师 7，我们也不能苛求所有学生上来都能找到最本质的那个算式。那么，给学生学习自信的一种重要手段，就是让他有信心沿着自己的思路寻找到突破口。

当然，交流给大家提供了对方法进行反思的机会，体会到突破原题提供的解决路径（换、赊），寻找题目背后的数量关系（等量代换）的重要意义。黄喆老师这节课让我对数学思维有了更深入的理解。所谓数学，不只是数学知识的堆砌和应用，更是从问题中发现数学。常规的数学课堂上，我们更多体现的是"数学思维"，而如何从生活问题中发现数学，用数学的各种表达形式进行建模体现得还不多。本节课的两个题目均源于生活背景，都有图、表、算式等多种表达形式，"用数学的眼光看世界""用数学的方式表达"这两点在这节课得到了充分体现。

第五章

多学科课例研究与分析

犯罪现场调查系列课程之《谁动了 Q 老师的蛋糕》

秦亮[①]

和大家分享的这个课例是犯罪现场调查系列课程之《谁动了 Q 老师的蛋糕》，这节课的目的是让学生了解"物质的变化和性质"。创作的灵感或者源泉，一个来自北京城市科学节的新加坡馆。当时，新加坡馆的课程叫"福尔摩斯探案"，案发现场有这样一节课，我和女儿一起参加了。这节课主要是通过一个犯罪现场，测定模拟犯罪分子的指纹，还有血滴的高度、血滴的方向、血滴的形状，进而判断谁是真正的凶手。

另一个灵感来自英国皇家化学博士戴维。他在中国从事科研工作已经 22 年了。我认识戴维博士是因为他在全国各地上了很多化学实验的课程，比如大象的牙膏，还有化学乳虫、血手印、变色的瓶子、火焰山、熔岩灯等，还有很多疯狂而有趣的实验。他的课程特点就是能够让学生迅速喜欢上化学，而且知道化学是有趣的，可以帮助我们改变生活。

这两个案例对我的启发很大。我们看美剧《生活大爆炸》或者一些犯罪现场调查，里边也涉及物理或者化学的相关科学知识和实验，于是我萌发了在自己的化学课堂上设计跨学科课的想法。

---

① 课例文章作者系清华附中合肥学校教师。

这节课的主要知识目标是：（1）让学生了解什么是物理变化，什么是化学变化，什么是物理性质，什么是化学性质；（2）初步认识一些常见的化学仪器，并知道其使用方法；（3）了解一些药品的存放知识以及固体药品、液体药品的使用方法等；（4）培养学生的动手能力、观察能力和创造能力，同时让学生由看实验变为自己做实验，提升学生的动手实验能力，以及分类、比较、综合等高阶思维能力。

课堂的情境设计是这样的：Q 老师的蛋糕在蛋糕店丢失了，能够接触到蛋糕的有 A、B、C 三个人，他们分别是面点师、收银员和送货员。我们找到了这三个人，在他们的衣服上分别发现了不同的"蛋糕残渣"。作为一名犯罪实验室的技术人员，学生的职责是测试和分析结果，所以需要"将嫌疑人衣服上的蛋糕残渣与犯罪现场的蛋糕进行检验、核对，看二者是否相符"。

学生在初二的生物课程以及初一的地理课程中都使用过这些实验器材，对这些仪器和药品并不陌生。我的计划就是以实验作为载体，让学生了解食盐的物理性质，醋酸的物理性质、化学性质，小苏打的物理性质和化学性质，以及碘酒和淀粉的相互反应，并判断是物理变化还是化学变化，区分哪些性质是物理性质，从而改变以往口头讲授这些知识的做法。

课前，我用黄色的警戒带对班级进行布置。黄色的警戒带为学生提供了情境：这是一个特殊的教室，是我们破案的场所。然后，我让 A、B、C 三个"犯罪嫌疑人"穿上实验服，上面贴了标签。他们身上都有白色的粉末样品，分别是蛋糕、小苏打、食盐。固体样品放在试剂瓶上，并放到三种实验组的旁边。这样就布置了一个犯罪现场勘察的情境，学生需按表 5.1 的要求测试已知物质。

表 5.1 已知物质测试

	步骤	现象
第一步	取少量已知固体样品，放到培养皿的一侧	
第二步	分别取 1 毫升液体样品，滴到固体样品上	

重复上述实验两次，使用新的培养皿，观看反应的时间。为了确认三名"犯罪嫌疑人"衣服上的白色粉末残留物，学生必须测试已知和未知物质的样品，以确定谁是"小偷"。

学生将观察用水、醋酸和碘酒测试已知的白色物质时会发生什么，并记入表 5.2。

表 5.2　已知物质（两种物质之间混合）实验记录卡

	水	醋酸	碘酒
食盐			
淀粉			
小苏打			

它溶解了吗？发出嘶嘶声了吗？变色了吗？

实验室小组对观察到的内容进行讨论后，便将观察结果分类为物理变化或化学变化，记入表 5.3。

表 5.3　观察结果记录

	物理变化	化学变化
水 + 食盐		
水 + 醋酸		
水 + 碘酒		
水 + 淀粉		
水 + 小苏打		
醋酸 + 食盐		
醋酸 + 小苏打		
醋酸 + 淀粉		
碘酒 + 食盐		
碘酒 + 小苏打		
碘酒 + 淀粉		
淀粉 + 食盐		
淀粉 + 小苏打		

学生发现将三种甚至三种以上物质混合时会出现更多复杂的现象。

利用水、醋酸、碘酒、食盐、小苏打、碘酒等，我们可以想象一下，学生可以做出多少个实验？

首先，向学生展示从"犯罪现场"和每名"犯罪嫌疑人"那里收集的未知样品。

然后，他们需要像测试已知样品一样测试未知样品，记入表5.4。

表 5.4　未知物质实验记录卡

	水	醋酸	碘酒
样品 A			
样品 B			
样品 C			

学生收集到结果后，便开始进行分析。教师需要与学生一起进行分析，帮助他们将已知物质结果与未知物质观察结果进行比较。有时，教师只要观察学生，看看他们能否根据观察结果确定物质是什么。

如果要在多个班级进行本实验，那么可以切换"犯罪现场"样本。关于"哪个'犯罪嫌疑人'偷了蛋糕"，不同的班级会产生不同的结果。这将使学生保持警惕，以避免任何剧透。总有一个学生迫不及待地想与其他人分享"判决结果"。该实验帮助学生与他人合作，将观察结果分类为物理或化学变化，并鼓励他们对收集到的数据进行分析。更为重要的是，这样的课堂会使学生对科学感到兴奋。

关于学生的实验台布置及摆放，实验并不是在真正的化学实验室进行的，我的设计是学生分为8组，8个实验台摆在教室的四周。因为这节课需要学生一边实验一边讨论，然后再实验再讨论，所以课堂的中心作为学生的讨论区，四周作为学生的实验区，讨论区和实验区融合在"犯罪现场"的情境区，存在于一个空间里，可以最大限度地提高课堂效率。

我的挑战性问题很简单，那就是Q老师买了一个蛋糕，想分享给同学们，结果蛋糕丢失了，现在从 A、B、C 三个"犯罪嫌疑人"身上提取了可疑样品，要判断哪一个人拿了 Q 老师的蛋糕。教师给大家准备了仪器和药品，同学们需要设计方案，然后再动手实验，看一看究竟是哪一个人动了 Q 老师的蛋糕。

学生们进入问题情境之后，就开始设计实验。这其实很考验他们的知识储备，例如要知道淀粉遇到碘酒会变蓝，食盐、小苏打遇到碘酒不变色。如果学生的知识储备不足，迷思概念就会在这个时候体现出来。学生要设计不同的对照实验，然后分析究竟是哪种药品，因为实验用的三种药品都是没有标签的。

讨论结束之后，学生开始动手实验。实验过程其实并不理想，因为有的学生并不清楚怎样去取样，有的学生甚至把取的样品一次性加入了使用的试剂中。比如碘酒，一次性加入样品中，而不会取少量。传统的教学可能会事先告诉学生取少量样品，而我是让学生去体验这一次"用光了样品"的后果，学生们下次再用的时候，就会自觉把样品分成小份，再去做对比实验。有的学生在做实验时未留对照样本，只做了实验，但是原来的试剂是什么颜色，变化前和变化后是什么样的，并没有做记录，也造成了无法对照的尴尬。这样做的目的其实是不断培养学生的"试错"思维。有的老师认为这样会浪费大量时间，没有专业指导，收获不会很大，就是在做"无用功"，甚至有的老师说这是在"摆花架子""走形式"。但是我认为，学生在第一次化学实验课上就犯了若干次错误，并通过错误厘清了科学实验的操作流程，学会了小组协同学习，懂得倾听同伴的意见，尊重同伴的想法，这是宝贵的财富。

学会进行实验观察和记录对本课来说极为关键。学生慢慢地摸索出"变化前""变化中""变化后"所对应的实验现象，不断讨论究竟发生了什么样的变化。最后是交流汇报阶段。学生在第一次交流汇报中表现比较懵懂，有的并不太清楚实验的目的，以及如何对实验结果进行分析。经过同伴的帮助，相互学习，有同学会说，"老师我现在知道该怎么做了"，于是重新取药，再进行实验。

学生在学习过程中又进行了一次迭代，由完全未知、不清楚整个实验操作流程，到慢慢梳理出实验操作流程，由不知道怎样取样、做对比试验，到慢慢清楚怎样做对比试验，不断深化，彼此协作。每个人对实验的目的和方法更加清晰，在此过程中形成了互相倾听、互学共研的伙伴关系，在学习中获得了友谊，以友谊支持合作探究。这就是科学课真正的魅力。

附录：

【实验器材】

1. 黄色警戒带（四卷）

2. 护目镜（按学生人数）

3. 表面皿 16 个

4. 胶头滴管（16 只）

5. 烧杯（16 个）

6. 药匙（16 个）

7. 药品盒（或塑料水槽 8 个）

8. 细口瓶（16 个）

9. 塑料手套（按学生人数）

【实验药品】

1. 水（细口瓶 8 个）

2. 醋酸（细口瓶 8 个）

3. 碘酒（棕色滴瓶 8 个）

4. 碳酸氢钠（小苏打、广口瓶 8 个）

5. 淀粉（广口瓶 8 个）

6. 白糖（8 瓶）

【上课环境】

多媒体投影、实物展台、黑板、彩色粉笔

【已知样品】

	小苏打	淀粉	白糖	食盐
醋酸				
水				
碘酒				

【实验要求】

不能品尝任何药品的味道，尽管是生活中常见的药品，但在实验室中也不能品尝。

在实验过程中要戴好护目镜、口罩。

协同学习是怎样发生的
——《谁动了Q老师的蛋糕》课堂观察与分析
丁丹丹[①]

学习共同体在语文、数学、英语教学中都有成功的尝试,然而,一直没有听到化学课,那么化学学科是否适用学习共同体的方式?我的内心是存有怀疑的。化学有自己的语言体系,有抽象的概念,有独特的思维方式,还有鲜明的实验特点……这些不"传授",学生能获得吗?

2019年12月7日,学习共同体研究院在浦东举行第三届教育研究峰会,主题是"指向深度学习的教育生态变革"。我有幸走进秦亮老师的课堂,认真地做了一次课堂观察员。秦亮老师上了一节基于情境的探究课,颠覆了我对科学探究课的认识,也让我对学习共同体所倡导的"协同学习"有了新的感受。

一、我的担忧:协同学习能悄然发生吗

这是一间特别的教室,门口拉着警戒线,看起来戒备森严,里面却很

---

① 课例文章作者系上海市浦东新区南汇三中教师。

热闹，有 23 个 "法医"（其实是穿着白大褂、戴着防护镜、口罩和手套的学生），还有比学生人数多两倍的观课教师。

秦老师从一起案件讲起："Q 老师的蛋糕被偷，在 3 名 '嫌疑人' 身上发现了一些证据，请同学们在蛛丝马迹中找到小偷。"交代好任务后，秦老师就让学生开始实验探究了。"要做什么？"我观察的两位同学都很疑惑。

小凡是个内向腼腆且有点憨厚的男孩。他们都来得很早，纷纷物色着好位子坐下来。小凡原本和另一个男生坐在我旁边，后来那男生走开了，小凡就落单了，他倒没有走开的意思，研究起老师发下的这些"道具"来。

我悄悄问他："几年级？学了化学没有？"他告诉我："八年级，还没有学化学。""班上有女生吗？好像来的都是男生？""还没来，估计在宿舍。"跟我交谈时，他一直闷着头。说他憨厚，还有个小故事。上课前，小凡要到讲台上去。教室很拥挤，前面两位男生的椅子间距很小，根本过不去，两个男孩也不起身，看着有点故意似的。小凡不羞不恼，硬是凭着自己瘦小的身材挤了过去。

我观察的女孩叫佳怡，来得很晚。上课时间到了，她才与另外两三个女生进来。佳怡看了看搭档，背倚着座位自然地坐下来，然后又看了看搭档，仿佛在说："就我俩？"佳怡看上去是个有点高傲的女孩。

这个小组就 2 个人，而其他组有 3 人或 4 人。我隐隐担忧起来，八年级的男生、女生处在敏感的青春期，有的不会主动说话、聊天，关系泾渭分明的男女同学能"协同"吗？更何况他们从没有学过化学！

二、合作探究——将学习权真正交给学生

果不其然，探究开始后，两人完全没有交流，更没有讨论怎样开始实验。女生占据着主动，先后选择了淀粉、白糖、碘试剂、醋，胡乱混合在烧杯里。小凡只是在一旁看，手里摆弄着一只滴管，时不时弯下腰查看试剂瓶上的标签。当看到加入碘后混合物变紫，两个同学都很激动，怎么

会变紫色呢？再做一遍吧！佳怡又是胡乱混合一番。两次实验过后，他们发现了问题，加了很多试剂，做了很多实验，记不住了，于是想着要记录下来。佳怡拿起笔写起来，于是两个人有了对话，先加了什么，后加了什么，一起回忆刚刚做的实验。佳怡看烧杯里的固体比较多，于是叫小凡加水试试看。

听到指令，小凡高兴地动起手来，终于可以做实验了！两人在烧杯里胡乱加了一通，都变成了紫色，结果一样。两位同学都觉得实验做完了，没有事情做了。这次小凡主动说"我再做一次"。他的方法并没有什么改变，仍然是胡乱加在一起，加得非常随意，但碰巧白糖、淀粉并没有叠堆在一起，再滴加碘试剂时，他有了新发现：在晶粒状的白糖处，碘不变色，仍是黄色；在粉末状的淀粉处，碘变成了深紫色。我向他竖起大拇指，给他点个赞。

这时秦老师召集大家交流实验结果，两位同学匆忙中没有分析，也没有将这个发现及时记录下来。

由于一次成功的尝试，小凡看上去很兴奋。交流过后，秦老师布置任务，需要对讲台上"嫌疑人"留下的证据取样，检测是不是被偷的蛋糕。小凡几乎是冲出座位，不过，一会儿又折了回来，原来是忘记拿取样的工具和容器了。拿好箱子、表面皿，他又冲了出去。取回样品后，佳怡闻了闻三个样品：一个黄色松软的样品，估计是蛋糕，还有白色块状的固体以及黄色的有点像黄桃的样品，不能确定是什么。"小凡，你觉得是什么呢？"这次，两位同学有了些交流，加什么，怎么加，也稍稍讨论了一下。

小凡负责实验，佳怡负责记录。滴加碘试剂后，有两种样品变紫了。还有时间，小凡又去取样了，打算重新再做一次，他总想做一点与别人不一样的结果出来。这时，秦老师来了，指着变色的样品问佳怡："这是几号样品？"佳怡没有回答，因为小凡上次取样，没有交代是什么样品。

第二次探究结束，秦老师让同学们回忆整个过程，在大白纸上写下自己的反思。佳怡主动拿起笔，将实验记录的内容又抄了一遍。写完后，感觉不美观，便皱起眉头说道："没有画，不好。"于是，她画了蛋糕、烧杯、试剂瓶，还将出现的现象用彩笔画出来，并配上了英文解释。板报一下子有了生气。

小凡觉着搭档画得很完美，一时没有事做，自言自语道："可以再做一次实验吗？""快去！"我鼓励他，同时抱着记录本跟着他跑到后面的实验台，开始了再一次探究。淀粉加醋，并没有什么现象；碳酸氢钠加醋有气泡。他立马跑回佳怡那里，告诉她记录有误，马上进行了改正。

以下是我的思考分析。

在这样一个有挑战性的任务中，不可能的合作变成了可能，我看到了男女同学互补式的合作。性格外向的佳怡负责文书策划，内向的小凡负责实验操作。他们的分工不是非常明晰，会相互参与、相互协助。尤其在小凡的身上，我看到了合作从被动到主动的过程。两位同学脸上洋溢着笑容，是充满自信、渴望成功的模样。

他们的合作不算完美，时有小插曲。但我相信几次磨合过后，他们肯定会是一对黄金搭档。友人看到我朋友圈中这两个孩子实验的场景，说："现在的孩子太幸福了！"我想，幸福的含义是将学习权真正交给学生，让他们在安静、平等、尊重的氛围中体验快乐，感受成长。

三、组间合作：学生都是"天生"的探险家

在同学们实验的过程中，有个很有意思的现象——串门。先是邻组有个男生过来询问情况："你们怎么样？"看到烧杯里是紫色的，他说道："我们也是紫色的。我们还做出了沸腾的现象。"

佳怡和小凡相互问道："我们没有看到沸腾。""怎么会沸腾呢？"旁边老师提醒他们还有一种粉末没用。于是，他们向烧杯中加入了碳酸氢钠，顿时产生了大量的气泡。两个同学都很兴奋，又有新发现了。佳怡记下来"沸腾"。在佳怡记录时，小凡也出去串门了。他带回的消息是："他们好像用了这个。"他拿起称量纸。于是，两个同学在天平上称起白糖、淀粉

来。为什么要称？他们并没有搞明白，总之试一试吧。

第一次小组交流开始了。很意外，小凡高高地举起手，对实验发现很有信心。秦老师让他回答，他照着记录读了一遍，可能是紧张的缘故，漏读了一种试剂。秦老师没有评论，又让另一组男生起来回答，提醒同学们仔细倾听。邻组发言人说："我们组先在淀粉中加入碘，呈紫黑色。""一样的。"佳怡对小凡说道。小凡点点头，佳怡又说道："都差不多。"其实，他们的实验是有不同的，试剂的添加顺序不一样，两位伙伴都没有仔细听出来。邻组男生继续："再加碳酸氢钠冒泡，小苏打和醋酸产生了中性液体，也就是发生了中和反应。"小凡在下面小声地问："什么叫中性液体？"有疑问，但他没有举手提问。

秦老师仍然不动声色，不加评价。然后，他让每组派一个代表，去邻组交流实验情况。来了两位高高的男生，带着记录单，谈论得很开心。遗憾的是，同学们的关注点还是在现象的不一致上，没有仔细分析过程的不一致。

第二次蛋糕实验又开始了，教室里又热闹起来，小组间的串门依然进行着。

最后，秦老师组织同学们总结实验过程，并到讲台上汇报。每个小组的发言都很精彩，轮到小凡这一组了。佳怡说："你说，我来拿纸。"这个腼腆、憨厚的男孩站到了讲台上，声音有点小，却没有一丝胆怯。他微笑着说："这样的实验在家里、宿舍里不可能做，今天很开心，能看到物质加到一起产生的奇妙变化。希望以后能多上这样的课。"全班响起了热烈的掌声。

以下是我的思考分析。

学生的话是真诚的。班级的关系如此和谐、融洽，他们相互学习、相互合作，也相互鼓励。这源于在实验探究、交流讨论、反思汇报中秦老师给了学生们充足的、自由的发挥空间，让每个学生都有机会表现自己。实验记录纸起先是空白的，全由学生来完成，没有一般实验报告的步骤、计划、结论等。学生包括观课老师开始都很糊涂，这个实验怎么做？但是这帮学生就这样很自然地观察了、记录了、讨论了、总结了，他们还相互讨教，相互学习，天生就会探究！实验是有计划的实践活动，需要想清实验要做什么、为什么要做，要记录实验现象，还要认真反思实验过程，对其进行优化。这些秦老师都交给学生自己去体验。

虽然是第一次上学习共同体的课，学生还没学会认真倾听、串联反刍、自然求助，但这节课足以说明他们的探究热情很高，学习能力很强，合作意识很强，是天生的"探险家"。

四、师生合作：学生困惑时搭建脚手架

作为观课教师，我们在静静观察学生探究的时候，有时也会按捺不住，小小地帮助他们一下。开始需要取白糖时，佳怡打开塞子，想直接倒进烧杯，又觉得有些不妥，稍显迟疑。旁边观课老师提醒："那有个勺子一样的东西。"聪明的佳怡一下子就明白了怎样用药匙。用天平时，称量纸放在电子天平上，数值变大了。两个人张罗着称淀粉和白糖。又有老师提醒，观察一下天平上的按键，它有一个清零操作，称的就是淀粉的质量，纸的质量不算在内了。

还有一次，小凡想把讲台上取到的样品由表面皿放到烧杯中，但发现烧杯提供得太少了，而且总是盛着东西。小凡忙着去清洗烧杯。观课老师提醒道，如果加的试剂不多，可以直接在表面皿上做实验。这几次提醒，帮助他们快速完成了实验。

佳怡也学会了寻求帮助。有个标签，上面的字看不清。她主动问老师，老师回答后，她恍然大悟，"原来是蒸馏水啊"。有几次，她还问观课的老师"这样做对吗"。老师们虽然着急，但都表面淡定地告诉他们："你们再试试看。"

快下课了，小凡要求再做一次实验。太希望他成功了，于是我跟他有了一次小互动。我引导着问："加了什么变紫色？""碘。""对的。那么前面加的所有的物质都使碘变色吗？一个一个分开试试看。"

顺着这个思路，小凡又研究起什么加了醋后有气泡。有了前面的经验，他决定在小苏打中加醋，在淀粉中加醋，对比试试看。第一次，他不小心把两种粉末混在了一起。我马上从邻组拿来一个空烧杯，鼓励他再试一次。他先取了淀粉，加醋没有气泡，又在烧杯底的另一处取了小苏打，这次格外小心。只要接触到流淌的醋，小苏打就有气泡。于是小凡有了结论：碳酸氢钠与醋反应才有气泡。实验成功，小凡格外兴奋。

以下是我的思考分析。

观课老师一方面观察学生真实的学习，另一方面又期待着学生成功与进步，是这节课的参与者。作为观课者，我们看到学生很多东西能无师自通，例如使用仪器、观察标签等。作为参与者，我们也注意到教师需要适时提醒、启发学生。所以，教师既不能越俎代庖，也不能放任不管。

传统课堂中，教师总是自以为是，认为孩子们这不会，那不行，总是要"教"他们，一次次打断他们，一次次捆住他们的手脚。秦老师的课堂上，学生第一次做实验就真正地投入了，而且开始了合作探究与协同学习。学生并不惧怕，他们很喜欢教师蹲下身来，与他们一起学习、一起发现、一起收获。

五、协同学习：开启化学探究学习的新篇章

下课了，学生们久久不想离去，还想探究、讨论……协同学习的精神力量可见一斑。

钟启泉教授提出：协同学习是借助数人的交互作用而相互学习的一种学习方式，协同活动最核心的理念是其多种、多向、多边的交互性。[1] 这节课中，我看到了极为丰富的互动模式，学生与学生、小组与小组、学生与授课教师、学生与观课教师等，课堂内联结多种多样，思维的启发也随时随地。

如何引导学生进行协同学习呢？首先要信任学生、尊重学生、理解学

---

[1] 钟启泉."协同学习"的意涵及其设计 [J]. 上海课程教学研究，2017（1）：3—10.

生，给学生足够的宽容。当学生们还没有倾听习惯时，秦老师鼓励他们小组讨论；当得知小凡没有记下样品来源，秦老师不急着指正；最后，学生上台分享收获时，秦老师给予最多的肯定。马斯洛需求层次金字塔中，学生们尊重的需要、自我实现的需要得到了充分的满足。王晓叶老师也说："教师的作用不在于传授，而在于赋能，赋予学生成就自己的能量。"秦老师告诫我们说，教师要学会等待。这份等待就是相信学生可以自己创造奇迹、收获成功。我们要做的就是给学生一个平台，让他来激发自己的学习愿望和潜能。

其次，要设置具有挑战性的任务。"谁偷走了Q老师的蛋糕呢？"学生们的好奇心被大大激发。他们饶有兴致地寻找这个小偷，也着实过了把警察瘾。小凡和佳怡不知道如何实验，那就先试一试吧；没用过的药品、仪器，都拿来试一试；实验成功了，还可以再试一次，可能有新的发现。内驱力是真正可持续的学习动力，是科学探究的催化剂。

最后，要留给学生充分探究与讨论的时间。维果茨基认为，学习是人所特有的高级心理结构与技能，这种机能不是从内部自发产生的，而是产生于人们的协同活动和人与人的交往之中，知识的建构和社会共享的理解过程不可分离。[①] 我们应该把课堂交给学生，把时间留给学生，让他们尽兴地探究，经历失败、冥思苦想、反复尝试，从中获得乐趣、积累体验。

回想化学发展史，哪一个发现不是科学家们仔细观察、反复实验、积极思考、质疑加实践出来的呢？学习共同体的倡导者陈静静博士说，知识的传递是重要的，但是获得知识的过程更为重要，因为在获取知识的过程中，学生可以习得学习知识的方法，学会学习。我们的课堂该回归科学本真、教育本真了。

---

① 转引自丁丹丹.利用科普资源促进学生化学学科核心素养形成的实践研究[D].上海：上海师范大学，2020.

以大概念为导向的逆向设计在地理教学设计中的应用
——以《行星地球》为例
鲍薪同[①]

一、大概念的内涵及其结构

欧美国家在课程标准中以"大概念"将知识内容整合串联起来,鼓励教育者将零散的知识结构化。这有利于学生对于知识的理解,更为理论联系实际打下了坚实基础。知识的堆砌对于学生来说是没有形状的"房子",而将知识犹如搭建房子一样连接其形,固定其状,教会学生将知识系统化和结构化地联系在一起,组建更高层级和更通俗易懂的大概念,学生将能够更熟练地获取并且运用知识信息。有学者指出,大概念的内涵是深刻而丰富的,能够反映学科的主要观点和思维方式,是学科结构的骨架和主干部分;能够统摄或包含大量的学科知识,具有普遍性和广泛的解释力;能够提供理解知识、研究和解决问题的思想方法与关键工具,可运用于新的情境,具有持久的可迁移应用价值。[②]

[①] 课例文章作者系上海民办华曜嘉定初级中学教师。
[②] 张素娟.基于核心概念和学习进阶分析的初高中地理教学内容的衔接[J].中学地理教学参考,2015(15):19–21.

大、小概念是相对的，而不是绝对的。较大概念可以分解成为较小概念，较小概念又可以整合为较大概念。无论较大概念还是较小概念，都体现为知识的连接，呈塔形体系结构，最下层为较小概念，层级越高越抽象。大概念从下到上可以构建为一般概念—核心概念—单元大概念—学科大概念，符合布卢姆教育目标的知识维度。布卢姆教育目标的知识维度分类如下：事实性知识，包括术语的知识、具体细节和元素的知识；概念性知识，包括分类和类别的知识、原则和通则化的知识、模式和结构的知识；程序性知识，包括特定学科技能和计算的知识、特定学科技术和方法的知识、决定何时使用适当程序的规则知识；元认知知识，包括策略的知识、认知任务的知识以及自我的知识。[1] 事实性知识类似于一般概念，在地理学科中，每一个具体概念都是在阐述实际存在或者抽象的事物，每一个具体概念都有特定的含义，例如地球自转、暖锋冷锋、沉积岩和变质岩、风蚀、搬运作用、纬度差异等。概念性知识和核心概念具有相似性，特点是具有抽象概括性和组织性。在学科教学中，核心概念是一种较为抽象概括的、有组织的知识性类型。各种概念、原理、理论都属于概念性知识，例如地球的运动、气候、自然地带性、地球的圈层结构等。核心概念通常能够将一般概念串联起来，将反映学科本质的知识构成结构性、系统性的知识框架。元认知知识是指主体根据经验积累起来的、关于认知活动的一般性知识，即对影响认知活动的因素、各因素之间的相互作用以及作用的结果等方面的认识。大概念也是经过学习主体的知识架构从而整合的对于事物之间相互作用、相互影响的统整的认识。大概念非常有包容性，可以包含各个学科的知识内容，使学生在更高的层次上将所学的各类知识以及自己的经验总结合并，增强信息迁移的能力。程序性知识在大概念教学中，尤其是在一些偏文科类的学科中，可以当作一种整合概念的方法和过程。这些程序最终可以建构起核心概念和大概念。

---

[1] [美]安德森.布卢姆.教育目标分类学[M].蒋小平,等译.北京：外语教学与研究出版社,2009.

二、利用逆向设计进行大概念教学的必要性

（一）大概念与学习与认知理论基础相辅相成

深度学习是基于学习者自发的、自主性的内在学习动机，并依靠对问题本身探究的内在兴趣维持的一种长期的、全身心投入的持久学习力。[①] 大概念能够揭示事实背后的规律，较大范围地解释相关现象，将碎片化的知识整合和联系起来，实现课程内容的结构化，使学生更加容易理解和加深记忆。大概念教学与深度学习所追求的最终目标都是学生能够理解并记忆知识，在生活中解决问题时进行知识的迁移。在教学中，综合思维往往是当代学生包括教师需要关注的。与没有联系的概念相比，相互联系的概念在遇到新情境时更加容易被运用，说明大概念更能够使我们了解周围的世界及我们在其中的经验。在学科教学中学习大概念，为教师提供有效的方式组织教学内容，更容易从必要内容中分离出不必要的细节，通过有趣的过程组织成整体。以大概念为导向营造深度学习的课堂氛围，有利于学习者沉浸其中，持续学习。

学生的认知维度分为记忆、理解、应用、分析、评价、创造六个过程，每个认知维度都有细化的过程和方法。在教学中，记忆、理解和应用是低层次的目标，而分析、评价、创造属于高层次目标，大概念教学有利于通过建立学科之间的联系，综合性地将学生带入新的情境，从综合视角处理问题。教学要以高层次目标为导向，同时也要注意，只有低层次目标的落实才有可能让高层次目标发生。

布鲁纳的认知发展理论认为，认知结构是反映事物之间稳定联系或关系的认识系统，是学生观念的全部内容与组织。布鲁纳强调学生学习的主动性和认知结构的重要性，并认为教育的最终目的是掌握学科的基本结

[①] 陈静静.学习共同体：走向深度学习[M].上海：华东师范大学出版社，2020：12.

构。学生思绪混乱的原因通常是无法将各个知识点建立起联系，不会将综合性知识联结起来去解决问题。核心概念是学科中最本质、最重要的内容，包含着学科的原理及理论，将核心概念整合为学科的基本骨架。这种学科骨架能够稳固地将知识联结起来，为学生理解学科框架提供了可能。

皮亚杰的个人建构主义认为，学生作为学习者，会根据已有的经验主动建构自己的知识框架，强调学习共同体的生成，学习与社会文化、学习与情境、学习与知识的相互渗透。① 因此，在教学中，想要帮助学生建构大概念，就要结合学生的年龄特征和积累的经验。学习不是一蹴而就的，而是一种长期的、需要培养的过程。大概念作为一种抽象精练的认知而存在，需要通过长期教学和每一节课的训练来实现。

（二）以宏观视角出发的逆向设计

大概念教学对教师的要求较高，需要教师具有宏观视角，因此教师应该注重平时知识的积累，关注其他学科，通过整合知识总结主题，对所感知事物的共同本质特点进行抽象概括，最后形成程度较高、应用范围广的大概念。传统的教学流程是：确定目标—组织教学—评价教学。基于大概念教学的单元设计往往采用逆向思路，也就是美国课程改革专家格兰特·威金斯的 UbD 逆向设计（Understanding by Design）。具体可以分为三个步骤：明确预期结果，确定恰当的评估办法，规划相关教学过程。UbD 的含义是追求理解的教学设计。理解是关于知识迁移的，如果具备真正的能力，那就能够将我们所学的知识迁移到新的甚至令人感到困惑的情境中去。对知识和技能的有效迁移，是我们在不同的情境和问题面前创造地、灵活地、流畅地应用所学知识的能力。② 能够在新情境中解决问题，才意味着真正在理解的基础上建立了有效迁移。

---

① 王祖霞. 基于核心概念的高中地理学习进阶建构研究 [D]. 济南：山东师范大学，2020.
② [美]格兰特·威金斯，杰伊麦·克泰格. 追求理解的教学设计（第二版）[M]. 闫寒冰，宋雪莲，赖平，译. 上海：华东师范大学出版社，2017：40.

目前课堂上，教师多是把基础的知识点教给学生，并没有教会他们如何在新情境中综合其他科目知识解决问题，导致学生在做题时往往摸不着头脑。大多数新手教师处于"关注生存"的状态，往往耗费更多的精力思考自己怎样教。如果长期使用 UbD 逆向设计，每次教学设计之前重新整合知识点，思考如何真正让学生融入课堂，就能实现深度学习。

UbD 模式下的教学设计以学生在课堂中的表现情况作为教育目标达成的依据。在课程标准的指导下，教师首先要明确教学目标，其次是设计教学评价方式，最后是梳理教学内容，设计完整且结合情境的教学活动。这就要求教师在设计教学活动时，筛选重点和非重点知识，对于教学内容做出取舍。因此，教师需要非常明确某一类知识点的框架结构，串联各个知识的关系。逆向设计强调为理解而教，将对学习和认知探究与追求的意义理解结合起来。教的目的在于促进学生的学，所以应该以学定教。应用 UbD 模式进行教学设计时，要利用大概念引导教学目标，结合学生已有的经验、生活中的事物，与现有的知识相关联，深化学生的理解。以地理学科为例，明确的大概念包括能够指向地理学核心的、会反复出现的、能够引发更小问题以及最大限度调动学生学习热情的概念，它能够帮助学生将所学的知识迁移到其他学科和现实情境，培养更高层次的核心素养，开展有效的课堂教学活动。

三、逆向设计前的思考

（一）学情分析

学情分析是指对学生原有认知结构进行评估的过程。精准的学情分析有利于实现教学设计的科学性、合理性，提高课堂教学的有效性、高效性，促进学生地理核心素养的发展。[1] 基于教材、教师教学和数据的学情分析，往往不够全面。"行星地球"这一单元是高中生学习地理的第一节

---

[1] 朱立新.谈高中地理教学设计中学情分析的改良策略[J].高考，2020（28）：112-113.

课，是与初中知识的连接，也是一个过渡，需要在课前进行相应知识点的检测，并根据学生的日常学习行为以及所学知识与生活的相关度进行分析和总结。随着学生年龄的增加，学生的学习力应是逐渐提升的，但事实却是很多学生经过一轮又一轮的筛选，随着年级的升高，学习兴趣不断降低，"浅表学习"和"虚假学习"在高年级更显性地表现出来。高年级学生的学习动力往往来自"中考"和"高考"的压力，在大学中缺少学习动力，甚至无法完成学业。在高中时期，知识点的难度越来越高，需要与初中知识建立良好的连接，更需要联系真实生活学习。

（二）课标分析

《普通高中地理课程标准（2017年版2020年修订）》明确指出："重视以学科大概念为核心，使课程内容结构化，以主题为引领，使课程内容情境化，促进学科核心素养的落实。"地理学科要求的四种核心素养分别是人地协调观、区域认知、综合思维和地理实践力。[①]"行星地球"单元，在综合思维方面，要求学生通过认识地球在宇宙中的特殊性，能够理解地球处于安全的环境之中；在区域认知方面，要求学生能够在一定程度上合理描述和解释特定地区的时空现象；在人地协调观方面，要求学生能够认识到不同地区的人们利用地球运动进行因时和因地的生产生活活动；在地理实践力方面，要求学生通过观察、测量、计算，分析生活现象，概括和归纳地球运动的时空变化规律。

（三）教材分析

教材作为教学的参考，是教师教学的依据，但是教学不应该被教材所限制，因为无论是在地理试卷中还是解决实际问题的时候，所需要掌握的知识绝不仅是教材上的基础知识，更多的是要灵活运用知识解决地

---

① 中华人民共和国教育部. 普通高中地理课程标准（2017年版2020年修订）[M]. 北京：人民教育出版社，2020.

理现象产生的问题。中学地理教学中的大概念，主要有人地关系、区域、位置分布、空间差异与联系、自然环境等。虽然教材上的知识体系不是完全按照完整的学习单元构建的，但教师在进行具体的课堂设计时可以变通，通过重构和整合，将围绕某方面内容的知识点放在一起教学，从而让学生清晰地在脑海中整理知识，建构自己的思维导图。

四、以"行星地球"为例的逆向设计

（一）确定目标，建构框架：通过建构概念关系整合教学内容

先确定一般概念，例如宇宙环境、太阳影响、地球历史、圈层结构、地球自转、地球公转等，再确定核心概念，如从生命存在的条件来说，地球的内、外部环境是生命存在的基本条件。从人类活动的影响因素来说，地球的运动起主要作用。单元教学设计通常要对知识进行整合，也要为学生提供更多的自主探究空间。如果教师孤立地看待知识，就会高估学生的困难，不敢给学生探究的机会。[1]因此，接下来需要构建概念之间的关系，从学生更加容易理解的角度出发，结合经验，重构思维导图，分析各个概念之间的联系。地球是一颗有着安全环境的可供生物生存的行星，从外部的较大视角看，地球所处的宇宙环境、地球的位置、太阳对地球的影响为地球提供了良好的条件，并且地球围绕太阳做公转运动。将比例尺放大，集中于地球本身，地球同时也在进行自转运动。几十亿年来，地球在不断变化，经历了不同的地质年代，地球的外部圈层如大气圈、生物圈、水圈、岩石圈以及地球内部的地壳、地幔、地核都是生物生存的基础条件（见下页图 5.1、图 5.2）。

---

[1] 顿继安，何彩霞. 大概念统摄下的单元教学设计 [J]. 基础教育课程，2019（18）：6-11.

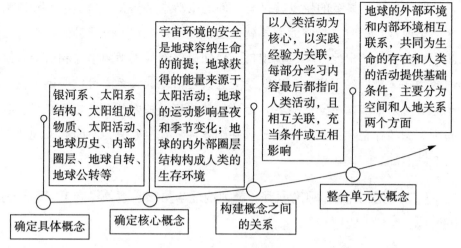

图 5.1　以"行星地球"为例的逆向设计首要步骤

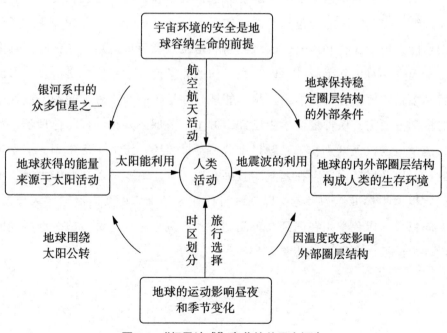

图 5.2　"行星地球"章节的单元大概念

地理学科最显著的特点就是与人们的生活息息相关。当学生不知道为什么学地理知识时，最好的方式就是建构地理知识与人类活动的关系。因此，从人类活动出发，可以发现每一块知识点都与人类的生存和活动有密切的关联，最后的大概念可以归结为与人类活动的关系。可以明确"行星地球"这一章节的单元大概就是地球的外部环境和内部环境相互联系，共同为生命的存在和人类的活动提供基础条件。它主要分为空间和人地关系两个方面。

（二）预期结果，明确证据：重视地理学科核心素养导向下学习能力的养成

结果和证据即学生能力的培养。基于核心素养的地理能力培养主要有三个方面：学习理解能力、应用实践能力以及迁移探究能力。[①]每种能力分为细化的能力要素。学习理解能力包括观察和记忆、比较和关联、概括和归纳。应用实践能力包括解释和实践、计算和技能、综合和推论。迁移创新能力包括迁移和探究、区域判断和定位以及评价规划。三种能力难度逐渐提升，对于新手教师来说，在最初的教学设计过程中，要认真思考课后学生具体要掌握哪些能力，尽可能地站在学生的角度思考问题，设计出的教学方案需有条件证明学生已经掌握了本节课的知识内容。地理学科与其他学科的很大区别在于，题目十分灵活，需要一定的生活常识，但学生的经验以及思考内容存在差异。教师在思考学生需要培养哪些能力时，不仅要以课程标准作为参考，以三维目标作为基础，更要以习题作为导向，逆向思考，以免学生在遇到真正问题时找不到思路。本文以威金斯的逆向设计为模板，进行如下思考。

---

① 王民，高翠微，杨洁，等.基于学生核心素养的地理学科能力研究[M].北京：北京师范大学出版社，2018：18.

表 5.5 基于威金斯逆向设计的自我思考

阶段一：确定预期结果
所确定的目标： 1. 能够运用地理信息技术或其他地理工具，结合地球运动、自然环境要素的物质运动和能量交换，以及自然地理基本过程，分析现实世界的一些自然现象、过程及其对人类活动的影响（综合思维、地理实践力） 2. 能够运用地球运动、自然环境的整体性等知识，说明自然环境与人类活动之间的关系，以及尊重自然规律的重要性（人地协调观） 3. 能够运用自然环境的整体性和地域分布规律，认识区域的自然环境，掌握因地制宜等基本地理思想方法（区域认知）

| 我们需要思考的基本问题有：
1. 地球所处的环境条件
2. 地球上为什么会存在生命
3. 日夜更替、四季变化的原因
4. 人类所处的生存环境 | 预期的理解是：
1. 地球存在于银河系的太阳系中
2. 日地距离适中，地球的体积、质量适中
3. 太阳是地球主要的能量源
4. 地球自转造成昼夜交替，地球的公转造成四季更替
5. 地球的运动使人们定义了日界线、时差、季节、回归线、太阳高度等概念
6. 人们生存在地球的圈层结构中 |

| 学生将获得的重要的知识和技能：
1. 宇宙的组成物质和地球的宇宙环境
2. 太阳是地球的主要能量源
3. 区分太阳日和恒星日的不同
4. 地球公转的轨道、速度和周期
5. 地球自转的方向、速度和周期
6. 地球内部圈层结构的划分及主要特点 |

| 学生将能完成：
1. 说明地球在宇宙中是一颗既普通又特殊的行星
2. 理解地球上存在生命的原因
3. 解释太阳的活动对地球产生的影响
4. 设计地球自转和公转的模拟实验
5. 了解地球的外部环境和内部圈层结构
6. 将所学的理论知识实践于真实情境中 |

续表

阶段二：评估证据					
任务主题	任务类型	任务要求	评级标准		
			评级A	评级B	评级C
组建关系图	其他评估任务	根据课堂所学内容以及初中地理基础，自主组建宇宙环境的关系图，自行补充不同星球的资料	能够自主、清晰地构建宇宙环境关系，准确补充课外资料	能够在教师和同学的提示下组建出清晰的关系图	不理解关系图的构建方法，在教师的提示下无法组建关系图
绘制示意图	其他评估任务	学习太阳相关知识后，能够绘制太阳的圈层结构以及太阳的主要组成物质，绘制表格补充知识	能够准确绘制出美观、主次分明的太阳结构图以及掌握太阳组成物质	能够借助笔记、课本，在教师的帮助下绘制出示意图	在教师的提示下无法绘制太阳结构示意图，无法记住太阳组成物质
视频介绍	表现性任务	能够运用所学到的知识组织语言阐述地球的圈层结构并对地球的历史、人们对于地球的认知做补充	能够在视频中脱稿、流畅清楚地描述地球的圈层结构和历史时期变化，准确地运用术语，有自己的想法和见解	能够借助提示工具完整地介绍地球的圈层结构以及历史演变，解释相应的概念，但较为口语化，条理不够清楚	解释时语言较混乱，用词不准确，基本信息遗漏过多
模拟实验	表现性任务	以小组为单位，模拟地球自转以及公转的过程，可以自行组成小组共同展示	准备材料齐全，步骤设计完整，能够清晰地讲解和模拟地球的自转和公转过程，组员相互配合，失误较少	准备材料较为全面，能够在教师的帮助下完成模拟实验，虽然在实验过程中的描述不够具体，逻辑不够清晰，语言不够精准，但能够完整模拟	准备材料不齐全，步骤设计不合理，组内成员配合不默契，在教师的指导下不能很好地完成模拟实验，小组的展示方向或解释有错误

续表

阶段二：评估证据					
任务主题	任务类型	任务要求	评级标准		
			评级 A	评级 B	评级 C
情境探究	表现性任务	在教师给出的情境中运用所学的知识计算并解决问题	全程跟随教师问题设计思路，能够按照步骤解决问题，并且清晰合理地解释问题的解决方式	在较难问题计算时，需要较长时间思考，能够在教师和同学的帮助下解决并明白问题的计算方法	对问题没有思路，不理解问题的含义，不知道用哪些公式来计算
复习单反思	其他评估任务	在复习单中反思自己在课堂上的表现情况、自己对知识的掌握情况，以及自己对哪方面比较感兴趣，希望进行更深入的探索	能够根据课堂所学内容分析自己的优劣势，根据小组合作、实验探究总结不足，对地理课期待较高，期望自己能够在下次课堂中表现更加积极	能够根据事实情况概括自己的表现，大体上说出自己在本节课学到的内容，有部分问题还没有解决，对地理课期待一般	认为自己无法融入课堂，在学习地理知识的过程中遇到很多困难难以解决，对地理课没有期待

（三）课堂教学，深度学习：设计促进以理解为先的学习活动

当确定好评估证据后，教师要根据想让学生培养的能力设计教学活动，在情境设定的过程中联系真实生活，让学生积极参与课堂、自主学习，这样印象更加深刻。理解并非简单层面的了解和知道，更需要在掌握知识的基础上融入其他情境中，结合真实情况牢固掌握知识和学会解决真实问题。例如，在地球的运动这节课上，教师根据学生已有的知识进行了情境式教学构思（见下页表5.6）和"三单"设计（见文末）。

表 5.6　根据学生已有知识进行情境式教学构思

阶段三：学习活动
活动构思： 提出一个问题：为什么春晚会选择在除夕夜的晚八点进行直播？ 1. 确定表现性任务和本节课目标 2. 对预习单进行提问，讲解本节课涉及的概念 3. 讲解本节课所需要的计算方式 4. 创设情境，回答相关问题 5. 给出必要提示，进行学习活动

情境式教学根据地球运动设计，给予学生很大的想象、发挥空间。将一系列的问题还原到真实生活，串联情境，能够在很大程度上激发学生的求知心理。教师还可以用情境式教学方式进行评估，促进学生理解的同时也有助于学生对知识的迁移。从知识的内化到知识的外化，基于核心问题激发学生的内在学习动机并与真实生活建立实质性联系，可改变传统的、零散化的学习，更有质量地发展学生的地理学科素养。

本文以学生的串联式综合思考为目标，主要涉及三方面内容。首先是对学生自主学习力的考查。预习单是教师通过问题设计提醒学生本节课需要掌握的基础知识。在预习单中，学生可以提前查阅资料，拓展课堂知识，并在课堂中与伙伴交流。其次，是使学生迁移运用书本知识。笔者将宏观的地球环境与实际生活情境相联系，设计贴合学生认知的地理问题。将地球的公转和自转、时区划分和计算与南北半球的差异性联系，在学生已有知识的基础之上，设计有挑战性的问题。我国位于北半球，四季、气候等地理要素与南半球具有差异性，澳大利亚与我国在时区、交通、昼夜长短等方面均不同，以南半球的位置思考地理问题，有利于考查学生对基础知识的迁移应用。最后，在培养学生的创新思维方面，此情境以学生"旅行"作为主观视角，将自然与人文地理相结合，有助于激发学生的学习兴趣，引起学生的好奇心，增加学生学习的主动性，使其积极探索、发现、思考和解决问题。在课堂前、中、后三个阶段，学生通过预习单自主学习，通过学习单和作业单解决挑战性的问题，发挥想象，用心思考，更有可能在实际生活中与所学知识相联系并加以应用，提升创新能力。

逆向设计是促进大概念教学的一种非常有效的方法，是让学生真正参与课堂、培养学生学科素养的重要途径。对于新教师来说，逆向设计有利于把焦点放在学生本身，建立师生之间的信任关系，从关注生存向关注情境和关注学生转移。对于经验丰富的教师来说，随着教龄增加，部分教师已经形成具有自己特色的教学方式或者是固定模式，让学生感觉学习没有新鲜感，注意力往往不够集中。而且，教师在进行教学设计时往往更偏重于教师的角度而忽略学生的角度。因此，构建大概念并且进行逆向设计是很有必要的。

预习单

1. 地球自转、公转与我们的生活有什么关联？
2. 思考并总结从国内飞到国外的到达时间与起飞时间的计算关系。
3. 查找澳大利亚东南部的城市、气候与景观等相关资料。

学习单&作业单

学习单：

寒假开始于2月1号左右，A同学准备与家人赴澳大利亚自驾游。

自驾游路线：悉尼—巴特曼斯湾—梅里布达—莱克斯恩特伦斯—墨尔本。

注：澳大利亚东南部地区从每年10月的第一个周日凌晨两点到第二年4月第一个周日的凌晨三点结束，实行夏令时，即该时间段要把时钟拨快1个小时。澳大利亚非城市地区限速80km/h。

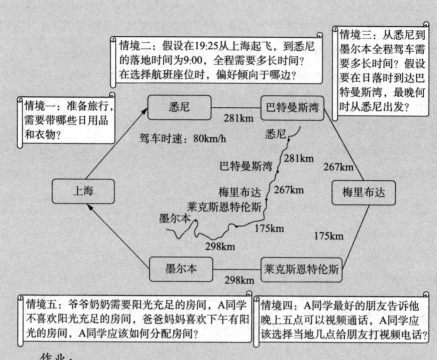

作业：

回到上海后，A同学准备继续去国外旅行，并邀请你和你的小组成员同行。请你们给A同学提一些建议并分工合作，结合相关地理知识制订属于你们的旅行计划。请按照如上形式（可补充或简略）查阅相关资料，并将其呈现在一张海报中，在下节课进行小组分享。

指向深度学习的高中英语阅读学习共同体课堂的探索与实践

——以西安交通大学少年班为例

刘晏辰 [①]

一、引言

《普通高中英语课程标准（2017年版）》出，英语学科核心素养包括语言能力、文化意识、思维品质和学习能力。只有当学生能够通过理性逻辑思维对所接触的文本信息进行语言结构方面的分析和文化价值方面的评价时，才能真正地习得语言，运用语言解决问题，不断形成创新能力。因此，在课内外的英语阅读中，教师既要培养学生对语篇进行分析、综合并从中获得信息的能力，也要培养学生的审美情趣，学会欣赏英语文学作品的美，通过自然渗透，陶冶学生良好的情操。[②]

传统的英语阅读教学往往只关注语言基础知识层面和表层含义的理解，没有关注对文本深层内涵的挖掘，忽视学生思维的发展，不利于学生

---

① 课例文章作者系西安交通大学附属中学教师。
② 周兰英. 高中英语阅读教学与阅读策略指导[J]. 西南大学学报（社会科学版），2011（S1）：297–298.

思辨能力和创新能力的培养。① 另外，英语阅读课堂教学趋于表层化，缺乏深度。语言知识传授往往都是在脱离语境的情况下进行单纯的词语记忆，教师在语篇讲解中普遍缺乏对文本的深度分析，语篇教学仅限于提取文本表层的信息和对文本中的一些事实性细节问题进行简单的回答、选择和正误判断，很少对语篇文本的主题意义进行深层探究。② 阅读课堂的语篇学习只停留在理解层面，忽略了英语学科的育人价值，不利于学生发展语言能力、提升思维品质、形成正确的文化价值观，也不利于学生自主、合作探究式学习能力的培养。

高中英语阅读教学需要选取恰当的阅读材料，深度解读英语阅读文本，全面分析文中的主要角色，设计能够开发学生思维的问题和活动，通过文本阅读培养学生的观察、辨析、梳理、概括和创新等思维能力。

二、理论基础

深度学习理念是在学习者能够理解学习知识的基础上，以批判性思维展开思考，并将新知融入已有的认知结构中进行内化的学习思想。③ 在中小学课程领域，深度学习是在教学中，学生积极参与，全身心投入，获得健康发展的、有意义的学习过程。④ 在这个过程中，学生在素养导向的学习目标引领下，聚焦引领性学习主题，完成有挑战性的学习任务，通过一系列参与和体验式活动，掌握学科基础知识和基本方法，体会学科基本思想，建构知识结构，理解并评判学习内容与过程。

佐藤学教授倡导的学习共同体同样强调学生学习的自主性，认为学校应该成为学生自主学习的场所，成为教师相互学习并成长为专家的场

---

① 孙娜.基于主题意义探究的学生思维品质培养实践研究——高中英语文本阅读教学例谈[J].基础教育课程，2018（24）：44-50.
② 朱芬.基于英语核心素养提升的深度教学模式探究[J].教学与管理，2018：102-104.
③ 刘水明.深度学习理念下的高中英语课堂教学实践策略[J].教育观察，2019（8）：32-34.
④ 郭华.深度学习的内涵与特征[R].普通高中指向学科核心素养的深度学习教学改进项目综合组及学科组组长第五次会议论文，2021.

所，成为家长和社区共同参与和支持教育的场所，学校通过开放课堂和持续的课例研究成为地区共同体文化的中心。①学习共同体中的自主学习是问题解决过程中的"反思性思维即探究"，自主学习是在具体活动中的"社会交往"，自主学习是持续地构建自我与社会（同一性与共同体）的实践。②

在以上两种理论的指导下，结合小说文本，我在高中英语教学中不断探索可行的深度学习与学习共同体结合的教学实践策略。

三、教学实践

（一）教材分析

选材最重要的依据是教学目标。外语教科书提供的阅读文本（课文）种类虽多，但是文本的呈现方式及相应的练习设计通常是单一的。因而，我们应该根据不同的学生、教学环境等，通过增加、删减、替换、重组等方法，选定适合所教学生的教学材料。③*The Faith Cure Man* 是美国作家保罗·劳伦斯·邓巴（Paul Laurence Dunbar）创作的一篇以 19 世纪末 20 世纪初美国乡村为背景的短篇小说。这部作品使得邓巴成为最早获得全国认可的非裔美国诗人之一，同时也奠定了他作为美国首屈一指的黑人诗人与作家的地位。预科一年级少年班阅读教材选取了这篇文章，目的是让学生品读经典文学作品，关注阅读深度，把握文本理解与观点评价之间的关系。

（二）学情分析

笔者执教的西安交通大学少年班由西安交通大学与西安交通大学附属

---

① [日] 佐藤学. 学习的快乐——走向对话 [M]. 钟启泉，译. 北京：教育科学出版社，2004：4，63.
② [日] 佐藤学. 教师的挑战 [M]. 钟启泉，陈静静，译. 上海：华东师范大学出版社，2012.
③ 葛炳芳. 英语课堂中的预设与生成 [J]. 中小学外语教学（中学篇），2007（6）：10–13.

中学联合培养，立足钱学森"大成智慧学"的教育理念，十分重视学生的基础理论学习，强调培养学生的学习兴趣，注重培养学生的创新意识，提升学生的核心素养，形成了既教书又育人的成熟课程体系。因此，少年班学生的英语基础较强，绝大多数学生能够主动思考、积极表达，不存在对英语畏难和害怕的心理。本班学生进入预科一个学期以来，教师一直在尝试进行学习共同体的教学，学生们对此种学习方式非常熟悉且适应。

（三）设计学习任务

教学是非常复杂的过程，需要教师精心设计。在设计过程中，教师应该经常问自己："这节课让学生获得什么？获得多少？用多长时间获得？怎样获得？是否每个学生都达成了教学目标？"这些问题其实涉及教学设计的方方面面，即教学目标、教学效率、教学方法、教学评价即目标达成度等。而在英语阅读课上，最关键的是要解决这样一个问题：在阅读教学中，用什么方法解决什么具体问题？[1]之前我不太重视向学生提供"思维工具"，如预习单与学习单。后来，深入理解学习共同体的理念后，逐渐意识到学习设计既表示学习活动的创造性设计过程，也表示这一过程的结果。[2]与教学内容直接相关的、个性化的思维工具对于提高阅读课堂的效率有着举足轻重的作用。[3]

在预习单方面，由于学生对美国黑人文学相对陌生，所以我以黑人文学语言特点为起点设计预习单。课前先让学生通过网络查找文献，厘清文章中黑人口语段落的语言特点，为之后的深度学习做好充分准备（见下页图5.3）。在学习单方面，让学生在课上对文章主角玛莎（Martha）的行为与话语进行探查与追踪，最终整体把握这一角色，进行深度解读（见下页图5.4）。

---

[1] 王敏勤.高效课堂的四个要件[J].人民教育，2010（6）：43–45.
[2] Dobozy, E.and Cameron, L. Special Issue on Learning Design Research: Mapping the Terrain[J]. Australasian Journal of Educational Technology, 2018（2）: 47–54.
[3] 陈静静.学习共同体：走向深度学习[M].上海：华东师范大学出版社，2020.

图 5.3　预习单

图 5.4　学习单

（四）教学过程

阅读理解是一种活用语言的素质。在这个过程中，教师要牢牢把握语篇的作用。我们是教语篇，还是用语篇组织教学？教语篇，重在语言知识、内容处理、理解思考；用语篇教，要求教师在课堂上充分发挥学生的主动性和创造性。因此，在高中英语阅读课堂上，教师要关注预设，更要关注生成，强调对主人公、作者、事件等的评价，提高学生的综合运用能力，让学生了解更多文化知识，提升思维水平。

1. 呈现情境，头脑风暴

由于少年班学生记忆力超群，他们对历史事件及年代几乎可以做到过目不忘，所以教师结合一张 1900 年代的美国城市照片（见图 5.5），以 "What is the first thing that comes to your mind if you see 1900s？" 作为导入问题，让学生进行头脑风暴，得出不便的交通、泥泞的道路，乃至八国联军与《辛丑条约》等答案。

图 5.5　1900 年代美国城市照片

教师随后播放一段 1900 年代美国乡下生活的真实影像，让学生用一个单词来形容这一时代。观看后，大多数同学说出 "poor" 和 "hopeless" 这两个词，教师引出今天的故事就发生在那样一个绝望无助的年代，那里的人们希望有像蜘蛛侠或超人那样的英雄来拯救他们。在这样的时代背景下，*The Faith Cure Man* 登上历史舞台。以上活动循序渐进，逐步引发学生对文章的阅读兴趣。

2. 自读文本，体会语言特色

在读前环节，由于学生已经在知网查阅了黑人文学的相关文献，所以教师在询问学生阅读文本是否有难度时，大部分学生回答能以轻松的心态阅读文本。之后，教师让学生以小组形式回答预习单上的问题，组内的每位同学都要说出几个黑人英语的特点。根据已有文献进行归纳总结，学生更容易在短时间内得出答案。

3. 挑战性问题，分析角色心理

进入阅读环节，学生的学习能力有所提升，教师应进一步增加学习任务的挑战性，加大学习内容难度，强化问题的相关性，让学生运用高阶思维来解决。这样的学习任务让学生感受到挑战，同时也被吸引。学生为了解决这样的问题，需要不断夯实基础知识，加以串联和综合运用，进一步提升学习能力。教师抛出本堂课核心且唯一的问题：你如何看待玛莎这一角色？在5分钟内，学生4人一组，分为8组阅读与讨论，并将相关信息写到学习单上。由于少年班的特殊学情，教师在学生汇报学习单时，可适当地提出一些描述文章角色性格特征的难词、生词，激发学生学习的积极性。同时，将学生回答的关键词记录在黑板上，最终巧妙形成一张玛莎女儿露西的心电图（见图5.6），让学生对这一角色的印象更加深刻。

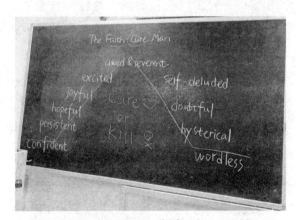

图 5.6　板书

在学生认为已经完成核心问题时，教师以"Cure or Kill"作为转折，抛出本堂课上最后的问题——"Does the faith cure or kill man？"随后再给学生10分钟，让学生深入文本并调用记忆，从 The Faith Cure Man 和鲁迅的《药》中外两部作品中找出答案，并将本小组对该问题的深层分析写或画到教师分发的白纸上（见下页图5.7）。

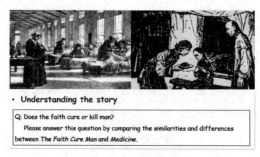

图 5.7　对比思考

4. 学生表达观点，教师用心倾听

在读后环节，学生按小组上讲台汇报，说出自己对这一问题的想法，而非单纯由组长汇报。教师在这一环节所做的就是倾听。倾听代表了尊重、全神贯注及对话语内容的理解，还代表了对说话学生的充分理解、认同，面向的对象也不是一两位资优的学生，而是全体学生。在老师的头脑中，一直有一个内心的准则在判断和衡量：这样是在倾听了吗？我倾听了谁？我倾听到了什么？我倾听到的内容与课题本身的关联表现在哪里？还有谁、还有什么我没有关注到？①

展示环节结束后，教师并不急于总结，而是对所有小组的成果表示赞赏，对每位学生的表达进行鼓励。最后，教师将本堂课的作业设置为文学作品对比阅读，让学生在 The Faith Cure Man 和《呼兰河传》两部作品中继续寻找答案，从而更加深入理解与拓展阅读的本质。

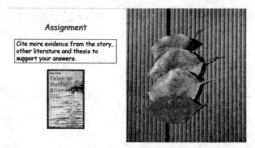

图 5.8　The Faith Cure Man 和《呼兰河传》作品

---

① 陈静静. 佐藤学"学习共同体"教育改革方案与启示 [J]. 全球教育展望，2018（6）：78-88.

四、教学反思

在这节课中，学生对问题进行反复的、严肃的思考至关重要。这就需要教师提供高质量的、精练的阅读材料，设计互动活动，帮助学生不断回顾观点和论据等内容，使其持续推进理解，以求思维深刻。学生在材料加工、与同学的交流中，即在深度学习中探究、调查、熟思、探索和钻研，发现新事物或获得对已知事物的新理解，这是思维培养的关键过程。其中有两个环节不可忽略：一是学生要与材料内容深度交流并产生思想冲突；二是学生经过探求思索得出自己的结论，也就是对文章主角玛莎的理解。在这样的深度学习中，学生在知识的整合方面就能做到一定程度的优化。新旧知识相结合运用，使得头脑中的浅层知识不再零散而孤立。深度学习下的知识建构更加完整，知识的整合也更加丰富。[1] 此外，课堂上教师打断学生连贯叙述表达的现象也会造成学生的表达趋向于零星、不连贯，这样的叙述习惯会影响其理智的形成和思维的培养。在佐藤学教授看来，教师不要拘泥于"好的发言"，要对所有儿童的发言都寄予信任与期待，认为"任何一个儿童的发言都是精彩的"[2]，这样的教学才能产生新的境界：学生轻松自如地参与，自由地交流思考，产生丰富的串联。所以，在学生展示环节，教师不应打断学生发言，避免当场纠正其语法错误。

在读后输出环节，首先要让更多的学生有机会参与输出活动。信息输出在英语阅读课中主要以口头或书面语言有逻辑地呈现，体现出学生的思维品质。如果一节课时间有限，教师可以设计多课时，增加输出环节的时间，让每位学生都有机会在组内亲自参与输出活动。其次，信息输出不是一节课的终结，而是新问题的开始。在本堂课后，如果有更多的课时，教师会安排学生继续深入探究中国梦与美国梦的特点。这种问题设计关注学

---

[1] 宁悦颖，朱晓东．深度学习视域下的高中英语学习有效策略研究 [J]．英语广场，2015（8）：129-132.

[2] [日] 佐藤学．教师的挑战 [M]．钟启泉，陈静静，译．上海：华东师范大学出版社，2012：85.

生观点的变化而不是观点本身，实际上是在引导学生回顾文本加工和交流技能，其意义在于提出未来的课题，而不是以自己最终的观点终结一节课的思考。引导思维活动，不仅要从学生已经发生的学习中形成，还要激发学生继续求知的欲望。深度学习依赖于高阶思维层次的精细加工，经过这样对知识的处理，更能促进学生主动学习的能力。在学习动机上，学生学习是因为自身需求，他们会自主、努力地学习知识或技能。佐藤学提出，要以高品质的"学习设计"来代替"教学设计"，把学生学习的逻辑、空间、过程进行完整展现。这种将所有学生的学习历程显性化的方法，使教师最大限度地了解动态的学情，并根据学生的学习基础和特点，不断地调整和深化，这将大大增强学习效果。[①] 因此，在读后活动中教师要充分利用和挖掘文本，结合学生的实际，设计相应的输出性读后活动，提高学生的综合语言运用能力，发展学生的高阶思维。

五、结语

在深度学习理念指导下，学生在深刻记忆和理解知识内容的基础上，将已有知识与新习得的知识联系在一起，通过深度加工内化，让学习成为一个整合性、创新性活动，并能灵活利用整合后的知识解决问题。在学习共同体的课堂中，学生在平等的、共生的、关爱的教学环境中成长，获得了高品质的学习权。因此，在深度学习理念与学习共同体视角下的英语阅读课堂上，教师更应该注重培养学生的思维品质，关注从输入到输出的整个过程，精心设计每个环节，持续地对学生进行提升思维品质的全面训练，这样学生才能真正成为高品质的学习者。

[①] 佐藤学，于莉莉.基于协同学习的教学改革——访日本教育学者佐藤学教授[J].外国中小学教育，2015（7）：1-7.

第六章

构建学习共同体：
以系统化课例研究渐进式改变课堂生态

在真实的课堂中摸索出可行的路

课堂是我国基础教育改革的主阵地。要站稳这个主阵地,做出一番成就,需要我们每一位教育同仁深入一线教学现场开展工作,在真实的课堂研究中摸索出一条切实可行的道路来。这就有赖于教育研究者和实践者的共同努力。在这条道路中,教师的核心工作就是在实践中反省,以发展实践为目的进行实践性探究。而理论研究者,则以行动研究参与到教师的工作中,一起创造"实践中的理论"。可以说,培养专家型教师,构建良好的教育生态,就是推动课堂教学革命、实现公平与质量兼顾的新时代教育目标的重中之重。

专家型教师:走上自主创造的专业研究道路

在过去十多年里,在学习共同体的旗帜之下,一批优秀的领航教师队伍涌现出来。领航教师们具有先进的教育理念、坚定的自主变革的行动力、不断深化的研究能力以及勇于担当的社会责任感。领航教师的发展目标是成为勇于探索、善于研究、乐于分享的专家型教师。

要培养这样的专家型教师队伍,学习共同体团队的关键经验就是"自主创造"。这一精神始终是这支队伍生生不息、日新月异的关键所在。学习共同体团队从研究个体学生真实的学习历程开始,逐渐揭开学生学习的奥秘，发现学生学习的规律，研究者和一线教师们共同分析、探讨、改进、迭代。在学习共同体愿景的指引下，经过十多年的扎实实践，我们不断形成具有较强创新性并且切实可行的课堂变革成果，受到了一线教育同仁的广泛关注和欢迎。从教育部重点课题、教育部国培计划立项，到学习共同体、深度学习分别写入师范生培养标准、高中教育改革文件，围绕学习共同体与深度学习的一场静悄悄的革命已经掀起热潮。

这也是大学、中小学、社会组织长期合作和协同研究的结果，更是教育中每一个人发挥自身创造力的重要体现。教育本来就是一项极具挑战性和创造性的工作，我们正在经历一个充满不确定性的世界，学生所面对的世界是我们很难预设的。作为老师，我们能够给到学生的不只是具体的知识，还有探索的勇气、思考的力量和学习的方法。他们要带着满满的好奇心、善于思考的大脑，以及对这个世界的温情和爱，才能不断地克服困难，去创造新的世界、新的生活。

"自主创造"正在成为整个世界关注的焦点，这对一线教师的个人发展更是关键。维特根斯坦曾说：只有改变了自己的哲学立场，进而去发展某种新的观点时，才感到自己真正有活力。从教育改革的现实而言，当前，每位教师必须创造和形成自己的教育哲学，重新看待和理解自己的工作，尤其是应该回到原点，回到当初选择一生从事教师事业时的信念，想想作为教师的真正使命是什么，想想我们真正能够带给学生的是什么。不忘初心，才能解放思想；放下包袱，才能释放自己的潜能。要用一种新的视角来看待每一位学生、每一个伙伴、每一个课堂，重启新的专业生活方式。这种创造意味着自我超越，也提醒着我们勇于自我颠覆。一旦以创造性的视角探索世界，我们就会发现更多的复杂性、更多的可能性，这是值得庆祝的。在新的环境中，对自己习以为常的科学、已经投入的努力或者知识开展自我批评，并为这种新的世界创造新的实践、新的理论，最终才能够在时代中独领风骚。

对教师来说，应在日常教学中常态化应用课例研究方法，帮助自己成为教学的研究者和"学习的专家"。从根本上说，教师要在课堂观察和分析中成为主力军，而且要将学生作为主要的研究对象，这是教师向学生学习的重要方式，是教师精准把握学情、反思教学、提升教学有效性的重要路径。教师要引领学生进行深度学习，就意味着学习方式的优化，拥有更多的学习机会、更丰富生动的学习体验、更确切的学习成果，以及持续学习的可能性。对于教师来说，高品质的学习设计既是对自我的挑战，也是专业发展的有效路径。这意味着教师要从既定的教学经验中走出来，从知识讲授者的角色中走出来，根据学生的需求进行有效的设计，不但要考虑到每个学生的发展需求，还要考虑到学生群体共同发展的愿景与可能。

选择了学习共同体，就是选择了一种以研究为核心的专业生活，也就选择了只有前进不能停滞的人生状态。我们看到了课堂的真实风景，看到了学生的学习困境和需求，看到了教育生态中的症结，这些实践中不断出现的问题引领着学习共同体的研究和实践。领航教师靠对教学实践的深刻理解、对学生学习需求的敏感捕捉，以及对自己实践的反思，进行改进和重构，找到做研究的根本动力。目前，几乎所有的领航老师都有写作的习惯，而且都有自己独特的研究成果，这是我们引以为豪的。领航教师们走在一起，探讨的基本上都是课堂教学的问题，或者交流最近的读书心得，或者畅谈发展设想。有时候自己也感觉到很神奇，走在这些领航教师身边，如同被强烈的光吸引，前路变得如此澄澈透亮。

常态化、系统化课例研究让学校成为真正的学习共同体

从理论上讲，学校里的所有人都是将"学习"作为核心目标的，学生要安心而深度地学习，教师则要研究学生的学习，并通过专业的工作来促进其学习，教师的专业性也是通过学习来实现的，因此师生的共同目标是实现最有效的学习。从这个意义上来说，学校应该是最典型的专业学习型组织，既是学习共同体，也是实践共同体。但从实践来看，很多学校的专业职能没有得到有效的发展，行政职能凸显，专业职能退化，学生和教育工作者将更多的精力放在解决外部压力上，而内发的学习动力、探究动

力、专业发展的动力却被慢慢地消磨掉。人在内心深处都有天生的好奇心和学习欲望,然而这一本能并没有被保护和利用好,结果导致了平庸和应付的心态。①

学校需要不断强化自身的专业职能,倡导和带领教师回到课堂教学和课例研究的根本工作上去。安心进行专业研究的教育工作者对于学生和课堂的理解非常深刻,而且在专业上越来越精进。他们非常投入地进行教学工作,体会到了极大的幸福感和满足感。这些教育工作者对其学校文化和教育生态的评价往往是正面的、积极的,他们会感受到学校的同仁对自己的支持和帮助,感受到来自学校的温暖关怀,感受到现在的教育生态正在"变化",而且"变得越来越好,未来可期"。这些教育工作者对于正向的信号是比较敏感的,也更关注学生的声音,给学生以更高的评价和期待,遇到负面的问题和情绪时,心态也更平和,愿意和学生、教育同仁共同面对问题,解决问题,从而走到变革、创造的专业发展道路上来。

现有校本研修机制多数以"学科逻辑""教的逻辑"为核心,较少考虑"学生学的逻辑",而学校和教师的中心工作应该是指向每位学生的深度学习,保障每位学生的学习权,也是保障每位教师的专业发展权。这就要求学校开展常态化的、以"学为中心"的课例研究活动,并以课例研究带动课堂的渐进性变革,逐渐形成新的学校生态。以研究和促进学生的学习为根本目标,形成学生、教师、家长、管理者等共同构成的同心圆结构:最中心的是学生之间平等尊重、协同互助,每个人都能安心地投入学习;其外层则是教师之间的互相敞开、合作互学,形成教师之间的专业共同体;再外层则是学校开展持续课例研究,保障学生的学习权,保障教师的专业学习机会,家庭和全社会也参与其中,共同为学生的发展做出努力。对学校来说,如果没有常态化课例研究的开展,教育改革和教师培训所获得的成果是无法得到巩固的,个体教师自发的改革探索也会萎缩。只有扎扎实

---

① [美]彼得·圣吉.第五项修炼——学习型组织的艺术与实践[M].张成林,译.北京:中信出版集团,2018:468-469.

实进行课例研究，校长和领导班子带头做课例研究的学校，才能真正看到改革的成果，学校的发展愿景才能真正实现。

学习共同体：为区域教育生态渐进性变革带来真实的希望

随着课程改革的不断深入，我国的教育改革也逐渐走上了高质量发展的轨道，教育生态正发生着深刻的变化。从宏观教育政策的角度看，素质教育的方向一直没有变，课程改革的理念已经逐渐达成共识。在实践推进过程中，我们发现，无论是学生、家长、教师还是教育管理者，对理想教育愿景的描绘是高度一致的，那就是公平的教育机会、丰富的教育资源、平等的受教育机会和高质量的学习机会。在全国范围内，在课程改革理念的引领下，一线教育工作者做了大量改革的探索和实践，经过多年的积累，形成了可喜的研究和实践成果。以学习共同体的教育改革为例，以保障每一位学生的学习权、促进学生深度学习为目标，改革的实践探索已经在全国展开。

当前，一线的教育改革成果按照其影响范围和展开方式可以分为单点结构变革、多点结构变革、关联结构变革和系统性协同变革四种类型。以学习共同体的改革实践为例，可以分为以下四种类型。

第一类是单点结构路径：单个教师因为对学习共同体理念的认同，在自己的课堂和学校进行自发的变革，建立倾听关系，设计高品质的学习问题，引导学生进行自主、协同、探究式的学习。在全校整体生态不变的情况下，单个教师可以持续进行改革探索。从实践来看，这样的教师往往要承受来自外界评价的巨大压力，常常因为同事或者领导的不认可而放弃，回到传统的教学方式中去。

第二类是多点结构路径：学校领导对学习共同体的理念比较认同，并希望进行改革探索，会让一批领航教师参与进来，进行早期尝试。其他教师并不参与，只是作为旁观者，领航教师团队的合作也不密切，各自进行探索。学校不给予积极的支持和引导的话，改革实践中会出现不同教育理念、教育方法的碰撞，在教育教学方面无法达成共识。学生的学习习惯和学习风格的养成需要不同教育工作者的协同合作，如果学校团队内部无法采用共同的理念和方法进行教学，学生就会感到无所适从，学习状态很难调整到最好水平。学生的变化不明显，这会让教师感到灰心，改革也很难深化下去。

第三类是关联结构路径：教师在改革探索的过程中，遇到志同道合的研究者或实践者，他们通过协同探索，互相鼓励，不断产生新成果，实现新的改革目标，每位参与者都获得了成长，走上了积极的专业发展之路。这些教师所带领班级的学生学习能力有了较大提升，师生共同体逐渐形成，教师之间的专家型同盟也建立起来。但这样的改革来源于部分教师自发的实践，其影响力和效果也仅限于参与其中的教师和学生。

第四类是系统性协同路径：主要表现为学校或者区域所进行的有愿景、有计划、有组织的系统化改革实践。学习共同体的领航学校以及领航地区往往采用的是系统性协同变革的方式，学校或者地区确定统一的愿景、设计方案、组织安排，教师协同合作、校本研修、跨校合作，共同研究和实践，学生的学习状态和效果有明显的变化，教师得到的正向反馈、相互鼓励和专业支持比较集中，从而进一步强化改革投入，改革成果更为显著。这样的改革过程，影响面比较广，在广大教育同仁心中形成了广泛的共识，建立了共同的愿景，教师、学生、家长和学校之间形成了合力，教师团队在改革的过程中得到了整体性发展，学生的整体学习品质和学习效果大幅度提升。系统性协同变革的路径是最为有效的。如果这个系统中既有自上而下的政策引领和专业支持，又有自下而上的持续研究与实践，改革的成果就会不断巩固。

实践证明，教育教学改革必须有系统性的设计与思考，形成统一的愿景与方向、共同的行动路线，形成强大的合力，真正改变教育生态和学习文化，才能收获更好的改革成效。正如迈克尔·富兰所说的那样：改革不能依靠教师个体一个个去改变形势，而是需要一种能够动员整个学校、地区和系统的方法。[①]

---

① [加]迈克尔·富兰，等.深度学习：参与世界，改变世界[M].盛群力，等译.北京：机械工业出版社，2020：119.

学习共同体的未来：必将走向命运共同体

学习共同体的研究与实践在中国已经走过了十多年的历程。最近五年，学习共同体从本土化的研究、零星的实验性实践，开始走向全校性、区域性、规模化的发展，这是令人振奋的消息。这些年来，作为课堂研究者，我也经历了越来越多的课堂，看到各种各样的课堂改革样态。我们从学生发展的角度去重新描摹课堂图景，学习共同体这个美好的愿景如同我们个人心中永远的伊甸园，我们一直在努力接近，但要去真正实现，还有很长的路要走，因为内心对美好教育和美好生活的渴望没有尽头。这并不会让我们停下前进的脚步，因为我们已经知道什么样的教育、什么样的生活是真正美好的。

学习共同体的核心愿景：让每一个孩子身心都得到最大限度的发展

课堂的变革应该是一个不断进化的历程，而且这种进化是没有终点的。课堂变革的变量要素主要有以下几点：学生的多样性与发展性、教材和学习内容的发展性、教师自身教育哲学的发展性以及教育生态与社会的发展性。从根本上说，学生身心的发展性是我们重要的变革依据，但这也是最容易被我们忽视的。如果有人问我，到底什么样的课堂是学习共同体的课堂，最终的判断依据是什么？我认为最重要的判断标准是：课堂中的每一个学生的身心是否都最大限度地得到发展。

学习共同体最终的愿景是保障每一个学生的学习权。我们首先要真正地认识每一个学生，而不是学生的总体概念。这是每一个教师要面对的第一个挑战：真正认识班上的、眼前的每一个学生，这是一个很难的课题。从我国课堂的语境来看，要改变目前课堂现状，我们可以从以下三个方面来着手，即营造温暖润泽的倾听关系、创设公平共赢的学习机会和追求高品质的真实学习。前两个方面主要突出公共性和民主性，第三个方面强调卓越性，这也是学习共同体三大哲学基础的体现。这三个方面必须同时着手，才会凸显出学习效果。学习共同体不是僵化的模式，而是一种理念与方法。要达成这样的课堂，我们需要一系列的策略，但这些策略并不是固定的、唯一的，而是需要每一位教育同仁根据学生的学习需求以及真实的教育教学情境做出专业的判断。从这个意义上说，学习共同体课堂对教师的专业境界和能力有着更高的要求。

学习共同体的精神家园：每位教育同仁心中教育理想的汇聚

近几年，学习共同体的研究和实践在全国陆续展开，掀起了热潮。通过学习共同体的真实课堂，教育同仁们看到了自己教育理想实现的可能，人们的研究热情和实践热情喷薄而出。草根力量不断汇聚，学习共同体的精神家园也在不断形成。全国各地的研究者和实践者通过参加公益性工作坊和峰会的方式，不断了解和践行着学习共同体；作为长期关注中国素养教育的社会公益组织，上海真爱梦想基金会潘江雪理事长、谈杨院长等一直以自己最大的努力支持着"草根革命"。2017年12月，学习共同体研究院成立，每一位乐于参与学习共同体改革的同仁有了自己真正的家。它为学习共同体的本土化实践确立了方向，进行了系统性的策划，组织各个层面的专家、校长、教师等教育同仁，共同面对和解决中国教育的现实问题，改善中国教育生态。

学习共同体的未来发展：以系统性研究引领中国教育的生态变革之路

从本质上说，学习共同体的变革就是教育同仁的自我革新，这种革新是以每个人成为学习者和研究者为前提的。课堂变革越深入，我们越能体会到目前课堂各要素研究的不充分。因此，未来几年，学习共同体团队将聚焦系统性研发，组织全国顶尖专家来牵头，进行学科本质（学科素养与知识地图）、学生学习心理与认知风格、教师专业标准与判断力、教学评价及其替代方案、数字化资源的替代方案等方面的系统化研究，并将这些研究成果转化为高品质的学习设计，从根本上解决目前教育与课堂的核心困境与问题，全面提升课堂教学质量与教师的专业能力。

学习共同体暑期研究坊、学习共同体峰会等论坛项目将持续展开，以上海为中心支持全国的实践。学习共同体研究院将继续加强各个合作地区的走访、互动。为了进一步推动各地区学习共同体的发展，我们将在江苏、宁夏、内蒙古、浙江、福建、陕西等地设立研究中心，支持各个地区分会开展论坛、课例研究等活动，进一步辐射其他各省市，带动更多地区进行学习共同体的研究与实践。

中国发展目前所面临的情况更加复杂。要面对教育这个关涉全民福祉的大课题，所有人都要团结起来，攻坚克难，互相信任，互相支持。每一个人都在为孩子们的发展而努力，每个人都成为倾听者和学习者，我们就是在共同建立一个美好的社会。从这个意义上说，我们是真正的命运共同体！